G・チャイルドの「都市革命論」と日本古代史

——「近代天皇制批判」の問題点をも念頭に

草野　善彦

本の泉社

はじめに

本書は、拙著『「倭国」の都城・首都は太宰府』で述べた、古代国家は都城・首都を核に誕生・発展するという見地を、ゴードン・チャイルドの「都市革命論」によって補強したものです。

「日本古代史」の「国家の形成・発展史」は、戦前は〝日本神話の天照大御神からの万世一系の天皇制〟を、「万邦無比の国体」と称し、これを政府が先頭にたって、「大日本帝国は絶対不敗の神の国」などと大宣伝しました。

この「万世一系論」的日本史は、戦前の「大日本帝国憲法」第一条の、「大日本帝国ハ万世一系ノ天皇之ヲ統治ス」。第三条「天皇ハ神聖ニシテ侵スヘカラス」という規定と、合い呼応する関係にあったものです。

戦後の「日本古代史」は、「日本神話」や「神武の東征」は歴史論としては、否定しました。この背景とその真の意味は本論にゆずります。だが戦後憲法第一条にも依然として、「天皇は、日本国の象徴であり日本国民統合の象徴であって、この地位は、主権の存する日本国民の総意に基づく。」とされています。

この憲法規定も本論に述べるのでそこにゆずりますが、「象徴天皇の地位」は、「主権の存する国民の総意に基づく」と、一見、「民主的」に規定されています。となれば、戦前、「天照大御神と政府」

の権威で「天下った万世一系の天皇制」の運命は、結論的には「日本史」、とりわけ日本古代史の真実如何という問題に、依存するものとなります。それだけに「天皇制を国是」と考える勢力にとって、〝日本古代史学での天皇制護持正当化論〟の動向は、大きな意味をもつことは明確なことと思います。

今日、この「天皇制」合理化的な日本史に、古田武彦氏が「多元的日本史」、すなわち日本史における「王朝・国家の複数的交代史」を提起されています。これは、いうまでもなく憲法第一条規定とは対立するものです。その意味でも、古田氏の〝多元的・複数的な王朝・国家の発展史〟という見地は、日本国民にとって極めて重要な問題提起と考えます。

しかし、古田武彦氏の「多元的日本史」に、日本古代史関連の学者諸氏は、「無視」を以て応えておられます。天皇制擁護・護持論からは当然の態度でしょう。だが、この古田武彦氏の「多元的・複数的王朝・国家の交代的社会発展史」は、第一に、本論で指摘するとおり何人も否定できない明確な根拠があるばかりではなく、複数的多元的な国家・王朝の発展史という点で、世界ならびに古代琉球・沖縄の国家形成・発展史の複数性・多元性と、普遍性を共有した〝日本史〟でもあるわけです。

これは「万邦無比」を口にしようとしまいと、戦後の日本古代史も、また、〝日本民族は国家はじまって以来、ヤマト朝廷以外の王朝・国家はない〟、すなわち「世界に例がない一民族・一王朝史が特質」という点で、事実上の「万邦無比の国体」論に立脚し、これを継承している以上、これと鋭く対立するものです。そうである以上、この当否をあらためて検討・探求するのは、本来、当たり前のことと思います。

こうした重要な問題提起に、専門家が「無視」をもって応えている今日、真実の日本古代史を、あらためて探究することは、一国民として当然のことと考えるものです。皆さまに御一読いただければ、これに過ぎる喜びはありません。

目次

はじめに …… 3

第一章　都城・首都と国家の形成の問題 …… 10

一　『古事記・日本書紀』の〝宮〟記載 …… 14

二　巨大前方後円墳・ヤマト朝廷造営論の矛盾 …… 18

三　戦後の「一元史観」堅持の背景 …… 31

四　古墳時代の「宮」は、〝考古学上発見できない〟 …… 37

第二章　マルクス～チャイルドの「古代都市論」 …… 44

一　マルクスの考察 …… 46

二　モーガンの指摘 …… 47

三　原始都市の「血縁構造、四地区制」 …… 48

四　原始都市時代の特質……「戦争は個人の自由」……50
五　原始都市から国家へ……57
六　氏族・部族連合体の確立と、その事務所……58
七　古代中国でも発見……59
八　中国・夏王朝の成立と部族連合体……60
第三章　ゴードン・チャイルドの「都市革命論」……62
一　野生麦の利用段階……63
二　農耕文化の誕生と集落の形状……65
三　古代ギリシャについて……66
四　ローマについて……67
五　「古代琉球・沖縄」について……68

第四章　古代中国正史類の「倭都」の地理的位置……72
一　『日本書紀』神功皇后紀の証言……74
二　日本の「二国併記」問題……78
三　『魏志』倭人伝の「倭都」記載……85
第五章　古田武彦氏の「短里」説……87
一　『魏志』倭人伝の里単位記載について……88
二　〝一四〇〇里〟の説明……92
三　先行王家実在の根拠……96
四　日本古代史学、「弥生時代」考察の問題点……100
第六章　古代中国史書と近世尊皇日本史学……108
一　「自由民権運動」などの問題点……114

二　国学の古代中国文化批判……120
三　古代中国正史類の特色と儒教……123
四　中国儒教と日本儒教の根本的違い……124
五　中国古代儒教と氏族社会的民主主義……124
六　古代中国文化のもう一つの特色……129
七　無神論（唯物論）と有神論の対立……130
日本古代史の学者への質問……134

第一章　都城・首都と国家の形成の問題

一

日本古代史の探究で、都城・首都・都市形成問題を正面に据えたのは、日本古代史の〝学者〟でない私が初めてと思います。

なぜこれを日本古代史探究の中心に据えるかといえば、『古事記・日本書紀』では、本書の「一『古事記・日本書紀』の〝宮〟記載」で指摘したとおり、〝神武～天武〟の四〇代の天皇に〝都城・首都、およびそこに定着した王宮〟がなく、各天皇一代の治世ごとに「宮」（日本古代史ではミヤコと読む）が、奈良県内各地や大阪方面等々を転々としたと一々記されているからです。

つまり七世紀以前の大和朝廷には、〝都城・首都およびそこに定着した王宮がない〟、これが『古事記・日本書紀』の記載です。しかしこうした都城・首都、およびそこに定着した王宮がない「国家・王朝」という例は世界にはなく、さらには同じ日本人の、〝古代琉球・沖縄の国家形成・発展史〟にもやはり例がない、いわば「万邦無比」の〝姿〟なのです。

世界史と古代琉球史の古代国家形成・発展史では、その民族が農耕・家畜の飼育を開始し、それとともに生まれる原始的定住集落（本書はこれを「原始都市」という）、およびその攻防こそが、その後の社会・国家発展の土台・出発点となっています。

この時以来、世界と沖縄では農業生産を土台に、各手工業・商業の発展と交易の開始、および各原始都市間の戦争が絡み合い、これを通じてその社会（原始都市）は、一部の支配的部分とそれに従属する部分とに分解（階級分化）しつつ、その分裂を力で統一するものとして、国家は誕生するのです。

国家の誕生とは、こうした社会の形成・発展の姿ですが、それはそれぞれの氏族・部族の「原始都市」を軸に、ないしは舞台に展開されるのであって、天皇四〇代にわたって都城・首都、およびそこに定着した王宮（民主制の場合は議事堂）、すなわちその社会にとっての「中心部・心臓部がない」国家・王朝など〝あるはずがない〟、これが私の日本史観です。

二

同時にこの問題は、もう一つの日本史に固有の問題、すなわち「日本民族は有史以来、ヤマト朝廷以外の王朝・国家はない」という日本史への疑念へとつながります。

戦前の〝国民学校〟では、〝日本の歴史および修身〟などの授業で、日本の世界に誇るべき特質として、「万邦無比の国体」（国の姿・その特質）という言葉を耳にタコができるほど聞かされたものです。したがって国民学校（小学校）四年生ぐらいから、「なんで日本だけが、万邦無比なんだ。どうして世界の国々と違うんだ？」という疑問がありました。これは当然、『古事記・日本書紀』への疑念をうみだすものです。

三

同時に、これは幕末の「尊皇攘夷」の「尊皇論」と、これを形成した近世の「尊皇日本史論」、戦後の言葉でいえば「皇国史観」史学ですが、これへの疑念となり、さらには戦後の「記・紀批判」史学への疑い、同時にこれは、戦前・戦後憲法・第一条への疑念に通じるものでした。

従来の学者にも、「『推古朝（西暦六〇〇年前後）以前は歴史学の対象ではない』という言葉があるが、歴史をせまく解すればそうであろう。」（井上光貞氏著、『日本の歴史』（Ⅰ「神話から歴史へ」）、一〇頁、中央公論社、一九八五年、二四版）という、日本古代史の著名な学者にしては、ある意味では〝先駆的〟指摘もあります。もちろん氏はその後で、明治以来の学者の探究をあげられて、これらの〝仮説は歴史の審判をうける〟云々とされています。

本書の〝日本史観〟は、日本民族の歴史もまた、世界史の一構成分部、すなわち〝人間の歴史〟

として世界の歴史との共通性をもっているはずだ、という考え方にたっています。したがって一方では「万世一系」史観に、疑念・否定の見地がないのに、他方では〝日本人と日本社会〟を論じて、「人類社会の普遍性」を持ちだす論者をみると、頭を傾げるのです。

それは過去に向かっては「万邦無比の日本史」、すなわち「世界・人類との絶対的な違い」を特質とする見地に立ち、未来にむかっては、「世界・人類との共通性」を強調するのは、〝論理の矛盾、その破産〟ではないか、歴史論、歴史観としては矛盾ではないかという視点です。

理由は明治以降の「日本史」、すなわち「万世一系の天皇制」とか、「ヤマト朝廷一王朝・一国家史」などの「日本史」は、日本人を〝人類〟に入れるのであれば、それはありえない歴史じゃないか、まさにその現れが、「神武から天武にいたる四〇代の天皇に首都がない」という、『記・紀』の記載に露呈しているのではないか、という考え方です。

同時に、ここで指摘しておきたい点は、この日本古代史の真偽問題は、戦前・戦後憲法第一条の当否にかかわる問題、すなわち近代日本社会の根幹の問題だという点です。

戦後、国民的に多くの批判が寄せられている「紀元節」や、「国旗・国歌〝君が代〟」がなお君臨するのが日本社会です。この背後に戦前・戦後の日本国憲法第一条が控えているのではありませんか。したがって「国旗・国歌」問題等で批判的見地を展開することは当然としても、その背後に明治以来の「尊皇・日本史論」が控えており、その真偽問題こそは、近代日本社会の根本問題ではないのか、こう考えるものです。

日本古代史学とは、当然ながら、この「尊皇攘夷」の尊皇論、すなわち〝憲法第一条に日本民族の歴史の真実はあるか〟という、近代日本社会の根幹にかかわる学問です。ここに「日本古代史」の重大な意味があるのであって、例えばここを念頭におかずに「邪馬台国」論争にむかうのは、問題の核心を見ない視点となると考えるものです。

一　『古事記・日本書紀』の〝宮〟記載

先ずは『記・紀』にしたがって、「神武から天武天皇の宮」記載を列挙（岩波・日本古典文学大系の『日本書紀』、および岩波文庫・倉野憲司氏校註の『古事記』による）します。この四〇人の天皇には古代琉球をふくむ、全世界の古代国家が備える都城・首都およびそこに定着した王宮がなく、天皇一人ひとりがその治世ごとに〝裸〟で、「宮」を奈良県内各地や大阪方面等々に転々と移す姿が記されています。

従来の「日本古代史」学がこの『記・紀』の「宮」記載を、『記・紀』の記事の真偽問題、その一個の基本問題としてとりあげた形跡がない点、はなはだ不可解なことです。

首都・都城問題とは、本書で詳細にのべるとおり、世界史と古代琉球史では、古代国家形成・発展史の基本中の基本問題として扱われているからです。

	天皇名	宮名	県名	『古事記』の記載
①	神武	橿原宮	奈良県畝傍山東南の地という	『記』畝火の白檮宮
②	綏靖	葛城の高丘宮	奈良県御所市森脇という	『記』葛城の高岡宮
③	安寧	片鹽の浮孔宮	同右　大和高田市三倉堂	『記』片鹽の浮穴宮
④	懿徳	軽の曲峡宮	同右　橿原市大軽町付近	『記』軽の境岡宮
⑤	考昭	掖上の池心宮	同右　御所市池之内付近	『記』葛城の掖上宮
⑥	考安	室の秋津嶋宮	同右　御所市室という	『記』葛城の秋津島宮
⑦	孝霊	黒田の廬戸宮	同右　磯城郡田原本町黒田という	『記』黒田の廬戸宮
⑧	孝元	軽の境原宮	同右　橿原市大軽町付近という	『記』軽の境原宮
⑨	開化	春日の率川宮	同右　奈良市付近という	『記』春日の伊邪河宮
⑩	崇神	磯城の瑞籬宮	同右　桜井市金屋付近という	『記』師木の水垣宮
⑪	垂仁	纏向の珠城宮	同右　桜井市北部という	『記』師木の玉垣宮
⑫	景行	纏向の日代宮	同右　桜井市穴師という	『記』纏向の日代宮
⑬	政務	『紀』に記載なし	滋賀県大津市という	『記』志賀の高穴穂宮
⑭	仲哀	敦賀の笥飯宮、穴門の豊浦宮、筑紫の橿日宮等々		『記』筑紫の訶志比

	天皇名	宮名	県名	『古事記』の記載
⑮	功皇后	磐余の若桜宮	桜井市池之内、磐余池付近、不明という	
⑯	応神	難波・大隅宮	大阪市東淀川区東大道町——西大道町という。	『記』 軽島の明宮
⑰	仁徳	難波の高津宮	大阪城付近、不明という	『記』 難波の高津宮
⑱	履中	磐余の稚桜宮	奈良県桜井市池之内付近戸という	『記』 伊波礼の若桜宮
⑲	反正	丹比の柴籬宮	大阪府松原市上田町？	『記』 多治比の柴垣宮
⑳	允恭	不明……藤原宮？		『記』 遠飛鳥宮
㉑	安康	石上の穴穂宮	奈良県天理市田という	『記』 同上
㉒	雄略	泊瀬の朝倉宮	同右　桜井市大字瀬町付近という	『記』 長谷の朝倉宮
㉓	清寧	磐余の甕栗宮	不明（『紀・上』五〇四頁）	『記』 伊波礼の甕栗宮
㉔	顕宗	近飛鳥八釣宮	諸説ありという	『記』 近飛鳥宮
㉕	仁賢	石上の広高宮	奈良県天理市石の上付近という	『記』 同上
㉖	武烈	泊瀬の列城宮	同右　桜井市初瀬付近かという	『記』 長谷の列木宮
㉗	継体		山城の筒城、一二年山城国弟国、二〇年磐余の玉穂	『記』 伊波礼の玉穂

㉘	安閑	勾の金橋宮	奈良県橿原市曲川町という	『記』勾金箸宮
㉙	宣化	檜隈の盧入野宮	同右　高市郡明日香村という	『記』檜坰の盧入野宮
㉚	欽明	磯城嶋金刺宮	奈良県桜井市金屋付近という	『記』師木島の大宮
㉛	敏達	百済大井宮	大阪府河内長野市大井説や奈良説	『記』他田宮
㉜	用明	池辺雙槻宮	奈良県桜井市阿倍という	『記』池辺宮
㉝	崇峻	倉梯宮	同右　桜井市倉橋という	『記』倉椅の柴垣宮
㉞	推古	豊浦宮	同右　高市郡明日香村豊浦	『記』小治田宮
㉟	舒明	飛鳥の岡本	同右　高市郡明日香村に複数	『記』記載なし
㊱	皇極	飛鳥の板蓋宮	同右高市郡明日香村大字岡	『記』右の同じ
㊲	孝徳	難波長柄豊崎宮	大阪市東区法円坂町かという	
㊳	斉明	後飛鳥岡本宮	〝皇極を飛鳥板蓋、斉明を後飛鳥岡本という〟とある	
㊴	天智	近江大津宮	不明という	
㊵	天武		飛鳥浄御原宮飛鳥岡村、奈良県高市郡明日香村島ノ庄という	

以上ですが、これをみても天皇の代替わりごとに、「宮」を転々とさせています。しかも天智、天武にいたっては、『日本書紀』では白村江の決戦で唐・新羅連合軍に大敗し、博多湾等の防衛を

した天皇とされています。

しかしその天皇に都城・首都はおろか、その「個人的宮」さえも例えば天智天皇の場合、近江大津といいつつも結局は「不明」、天武天皇にいたっては「あすこでないか、いやこっちでしょう」という具合です。いくら古代のことといっても唐・新羅は、都城・王宮、その場所ともども明快なのに比較して、これと〝軍事的に対決した天皇だ〟と、〝学問の名〟で明言しつつも、都城はおろかその個人的宮さえも不明という有様は、当時の中国・新羅と比べても「国家・王朝」というにしては、あまりにも落差が大きいでしょう。

こうした天智・天武の「宮」問題の不明確さに目を閉ざしたままで、〝天智・天武天皇は唐・新羅連合軍を対決した天皇〟といわれても、「そうですね」といえますか。首を傾げる方が当たり前の姿でしょう。こうした結果になるのも先に指摘したとおり、都城・首都とそこに定着した王宮があるべきを、それがない時代の〝ヤマト朝廷史〟を、「日本古代の唯一王朝」と称する結果、生じる問題と考えます。

二　巨大前方後円墳・ヤマト朝廷造営論の矛盾

「古代国家は氏族社会の原始都市を核に形成」という、あとに具体的に指摘する世界の「古代国家形成・発展論」にたつと、日本古代史学が一致していう「巨大前方後円墳・ヤマト朝廷造営論」も、根柢から崩壊するのです。

この点を二〇一三年刊の『岩波講座・日本歴史』（第一巻）で検証したいとおもいます。ここには『前方後円墳の成立』、「3、前方後円墳の巨大性の評価」（同書、一九五頁）とあって、以下のように記されています。

「……少なくとも旧世界について見れば二〇〇メートルを超える規模の王陵を築造し、統治のための墳墓記念としてこれを利用した社会は、始皇帝以下の中国、第四王朝のエジプトなどきわめて少数であり、それらを残したものはいずれもまぎれもない国家段階の社会であることに気づくのである。そうした世界の『経験則』に照らしたとき、二八〇メートルの箸墓古墳に始まる巨大な墳墓記念物を持つ古墳時代の事例は、極東の島国の特殊例外的な存在に過ぎないのだろか。比較考古学からの新たなアプローチが望まれるところである。」（同書、一九八頁）。

この〝考古学〟的な「国際的比較論」の決定的な弱点は、国家は都城・首都を中心に形成される、ひらたくいえば国家には必ず都城・首都と、そこに定着した「王宮、または議事堂」があるという肝心要の問題が、この比較論には欠落している点です。

古代中国・秦の首都は「咸陽」・王宮は東西七〇〇メートル、南北一五〇メートルという「阿房宮」です。「第四王朝のエジプト」の首都は、有名な「メンフイス」（「白い壁」第三〜第六王朝）です。

ではこの時代のヤマト朝廷の都城・首都はどこですか。

比較とは同質のものをくらべるものであって、都城・首都とそこに定着した王宮のあるものと、ないものを同列に論じるなどは学問のことではないでしょう。なぜ一流大学を出られた諸先生ともあろう方々が、こうしたことをされるのでしょうか。

そもそも巨大前方後円墳を造営するほどの力があれば、当然、都城・首都とそこに定着した王宮をも作れるはずではありませんか。この意味は明らかでしょう。巨大前方後円墳を造営した者は、都城・首都のない「ヤマト朝廷」ではなく、都城・首都をもつ勢力、またはそれにかかわる勢力と考える以外にないということです。すなわち七世紀以前において、都城・首都を有し、そこに王宮を数百年間構えていた勢力、およびそれのキンキ地方の支配に関わった者たちです。この勢力については、拙著『「倭国」の首都は太宰府』に詳しく述べました。

ここに日本古代史学の大きな問題点が露呈しているのです。それは第一に、古代国家形成の前提となる原始都市誕生問題の〝未解明〟という問題、より正確にいえばこの問題の〝無視〟です。〝国家とは、どのような歴史の事情によって誕生するのか〟という問題にかんしては、通説は御承知のとおりマルクス・エンゲルスの生産力理論・階級分化論などを持ち出しています。

しかしその前提となる、原始都市の誕生とその背景・その特性、および都市的勢力の相互関係などの問題は、これもおなじくマルクス・エンゲルス、モーガンによって解明され、ゴードン・チャイルドの古代オリエントなどの遺跡への考古学的研究にたって、〝実証主義的〟に後づけられ、それは彼の「都市革命論」にいわば結実しています。

この〝原始都市形成とその特質論〟等の問題は、日本古代史では後述する「弥生集落」の研究に少々はあれ、「弥生集落」の構造と国家・都城・首都の形成・誕生との関連性や、『記・紀』の天皇四〇代にわたる「首都の欠落」記事への、〝原始都市誕生論〟からの評価などはいっさいありません。たとえばさきの『岩波講座・日本歴史』（第一巻）の、「アジアにおける弥生文化」の部分にはいっさいありません。

そこには「弥生都市」を以下のようにまとめています。「弥生都市論では大規模環濠集落を都市と認め、その根拠は、論者によって多少違いはあるが、以下があげられよう。◎規模が大きい（三〇〜四〇ヘクタール）。◎人口が多い。人によっては一〇〇〇人と推定される。◎異質な職種に携わる人々が多数存在し、専業工人がいる（多職業共生）。◎内部に階層制がみられる。◎首長権力が所在し首長が人的・物的資源、情報を集中させている。区画された首長の居住地。王宮がある。◎流通センター、ネットワークの中心『市』がある。◎宗教施設としての神殿がある。◎防御施設が厳重である。」（前掲書、一二〇頁）。

この引用文の問題点は、第一に、後述するマルクス以下ゴードン・チャイルドの「原始都市論」と比較して、「弥生都市」の人口の推定が非常に小さいこと。第二に、その「都市」内部に「区画された首長の居住地。王宮」の存在を認めていながら、『記・紀』の〝神武から天武にいたる天皇〟に、「区画された首長の居住地（都城・首都）も王宮」もない、という記事への、弥生都市論からの「評価・見解」がないことです。

いうまでもなく人類の国家は、日本でも世界でも古代琉球でも、この「原始都市」を母体として誕生するのであって、その意味で弥生時代への正しい視点からの研究と正確な認識如何という問題は、日本古代史の真実探究上、決定的な意味をもつと考えるものです。

通説の「弥生時代の研究」は、「日本古代史」のなかで〝『記・紀』の比重〟に比較して、大変、〝軽い〟ないしは〝小さい〟のです。

かつその視点も不当であります。例えば日本（北九州）における水田稲作の起源——これは弥生時代の中心的問題であり、したがって日本の古代国家とその文化発祥の基礎問題と考えますが——にかんして、放射性炭素年代測定法では〝約三四〇〇年以上以前〟（中村純高知大学名誉教授〝花粉分析学〟）という研究がり、この他に「約二九〇〇年以前」（中村純教授および二〇〇三年の国立歴史民俗博物館の放射性炭素年代測定値）があります。この科学的な年代測定法にたつと日本における水田稲作は、北九州から日本海沿岸地方が、キンキ地方にたいして数百年間古くなるのです。これを反映しているものが出雲大社や筑紫が語られている『記・紀』の「神話」です。

このいわゆる『記・紀』神話問題は後述しますが、日本古代史探究の非常に重要な問題として、この北九州・九州〜日本海沿岸の水田稲作の、キンキ地方に対する数百年間の時差、すなわち先駆性という問題は、日本古代史探究の基礎中の基礎問題なのです。

しかし驚くことに通説的日本古代史学は、中村純高知大学名誉教授の理科学的年代測定値はもちろん、この二〇〇三年の〝国立歴史民俗博物館〟の「弥生時代の開始年代」の自然科学的「暦年代測定値とその手法」に、以下のような拒否の態度で臨むのです。

「……一方、暦年代での議論を進めようという第四紀学会の方針に照らせば、学際的な研究分野でのダブルスタンダードは好ましくない。自然科学の分野では、年輪年代学や湖沼堆積物の縞粘土による年縞法の開発など、一年単位で議論する年代決定法の手法が用いられており、一人考古学（ここでは通説的日本古代史学の明治以来の、〝ヤマト朝廷一元史的「考古学」〟をいう）が置き去りにされているような印象があるかもしれない。しかし、考古学（「ヤマト朝廷一元史」の考古学）が、遺物の配列によって相対年代を決定してから実年代を推定（土器編年）するという手続きを重視している以上、安易に炭素年代に寄りかかることはさけ、まずは型式学的研究（土器編年）を進めるのが筋であろう。」（『岩波講座・日本歴史』第一巻、七八頁、二〇一三年、第一刷）。

今日、全世界の古代史の年代測定には放射性炭素14C年代測定法等が採用されています。いったいそのどこが間違いであり〝不正確〟というのですか。

おまけに縄文史学においてさえも、「『土器編年』は否定され〝炭素年代測定法〟が採用」（今村啓爾氏著、『縄文の実像をもとめて』「歴史ライブラリー76」、吉川弘文館、一九九九年、第一刷）されています。以上のように今日、日本古代史学がしがみつく「土器編年」は、国際的国内的に〝四面楚歌〟の状況にもかかわらず、「ヤマト朝廷一元史とその史学」では、〝死守〟されるわけです。

この由縁は、〝日本の王家・国家はヤマト朝廷ただ一つ〟という、『記・紀』の史観を死守するため、表現をかえれば後述する近世尊皇史学──〝水戸史学・国学〟──以来の「尊皇史学」、つまりは戦前の「大日本帝国憲法」第一条の「万世一系ノ天皇制論」、戦後では「日本国憲法」第一条の「象徴天皇制」の規定の死守のためと思います。

学問と政治を安直に関連づけるのは邪道などという人があれば、お尋ねしたい。いったい明治維新のスローガンは何ですか。「尊皇攘夷」ではありませんか。この「尊皇」とは何ですか。あとで証拠を示して指摘するとおり、「『古事記・日本書紀』・絶対主義」を旗印とした、水戸史学と国学の〝日本史論〟です。

といえば「それは、いわゆる皇国史観とよばれたもので、戦後には批判的に克服された。」という方がおられれば、その「皇国史観批判」の真の姿をもお示ししましょう。

明治以降の日本古代史探究の真の課題には、本来は、〝戦前・戦後憲法の第一条の「尊皇日本史観」に、日本民族の歴史の真実はあるか否か〟、という問題が、当然含まれると思います。これは自然と、『古事記・日本書紀』の記載は信頼に足るものか、という古くて新しい問題と、不可避的に結びついた問題です。

しかし戦前・戦後の大学の日本古代史学と、その関連の学問は、結局は、明治以来の「尊皇日本史論とその文化論」を擁護、すなわち戦前の憲法第一条の、「大日本帝国ハ万世一系ノ天皇之ヲ統治ス」の、「万世一系」史観を擁護し、戦後においても「象徴天皇制」、すなわち〝日本民族はその歴史において、一貫して天皇とその制度をおしいただいてきた〟という、日本史論を肯定的積極的に擁護・展開するのです。

これは近代日本社会、その大学の社会的性格を示すものというべきか、この「ヤマト朝廷一元史観」の擁護には、あとに引用で示すように〝自称マルクス主義にたつ〟という、たとえば石母田正氏等も馳せ参じているわけです。これらの人びとは大学教授という社会的資格を有し、その資格の取得を許容されているという点で、その他の日本古代史学の学者と同等です。

いったい憲法で「万世一系・象徴天皇制」が規定されている社会で、これを全面的に否定・批判する見地の人物が、国立大学等の「日本古代史学」の教授になれるものか、これは明治以来の日本古代史専攻の大学教授らの、日本古代史論の性格を考えるうえで、きわめて重要な問題とおもいます。

なぜならばこの問題は、「尊皇攘夷」の「尊皇論」をスローガンに武家政権を打倒した明治の新政府が、その憲法に「万世一系の天皇制・象徴天皇制」を規定しているもとで、その国公立等の大学の関連学部に憲法の規定を批判・否定する、「自由と民主主義」が〝許容されるか、されたか、されているか〟、という問題でもあるからです。

戦前・戦後憲法第一条規定を「絶対」とする社会で、その社会の国公立等の大学の日本古代史関連学部で、〝事実と道理以外のいかなる権威をも認めない〟という学問の本質を、日本古代史学においても真に堅持しうるか、し得たか、そう断言できるか、これが「日本古代史」に突きつけられている、〝真の学問的な問いかけ〟と考えるものです。

しかも後述しますが、江戸時代には『大日本史』への、新井白石の明晰な「否認的批判」がおこなわれ、さらには明治時代には広池千九郎氏編集、『日本史学新説』（一八九二（明治二五）年、国立国会図書館、近代デジタル・ライブラリー収録。冨川ケイ子氏著、『九州年号・九州王朝説』、『古田史学』NO・六五）など、当時の東京帝国大学の日本古代史関連等の教授諸氏等、さらには戦後は一九七〇年代以降の古田武彦氏による「複数王朝制（多元史観）の日本古代史こそが真実」という、「一元史観批判」が展開されています。

しかし、国公立大学等の〝日本古代史〟の学者・学界は、これに対して一致して無視・黙殺という態度です。つまりは日本国憲法第一条厳守の態度が堅持されているわけですが、いったいこれは「学問の自由」と、どういう関係にあるといえばいいのですか。

今日、菅自民・公明内閣の「日本学術会議」の推薦名簿の一部拒否問題が大きな社会問題になりました。しかし「尊皇史学」批判という、近代日本社会の「自由と民主主義」の扉を真に開く探究が、日本古代史学者、すなわち一元史観史学の学者によって一致して無視されても、〝これは現代日本社会の深刻な問題だ〟と、誰によっても取り上げられないという有様をみると、戦前はもちろん戦後の「民主・日本」の後進性のおそるべき根深さを、まざまざと見る思いがします。

戦後の日本社会では、「天皇制の専制体制の問題は基本的に解決された。」とか、「さして重視する問題ではなくなった。」かにみる傾向もありますが、この視点は「自由民権運動」以来の、近代日本の〝主権在民論・天皇制批判〟の見地であって、「天皇制は日本民族の歴史の事実であるか」を問うている、真の日本史論・日本史観の見地にたてば、〝自国の真に正しい歴史を知らず、知る重要性を軽視・無視して、正しくその社会の発展に資する働きかけができるのか、もしそうであれば歴史学など暇人のお茶のみ話であって、なぜ学校で授業の科目とするのか、なぜ、「君が代・日の丸」問題が起きるのか〟お教え願いたい、と思います。

ましてや世界には「歴史を鑑とせよ」とか、「歴史に問え」などの格言もあり、またマルクス主義でも、「三つの構成分部」として①「弁証法的唯物論」、すなわち哲学、②「マルクスの労働価値学説」、つまりは『資本論』の見地の堅持にくわえて、③「史的唯物論」があげられている点をみれば、社会への意識的な働きかけという問題では、東西人類の英知である「歴史を鑑とせよ」を、マルクス主義が明確な科学的認識として、継承・発展させているのは至極当然の姿と考えます。

しかも、この「史的唯物論」は、「人類社会発展の普遍性」一般の認識を限りとしたものではなく、個々の国家・社会の歴史認識にも当然、適応・指摘されるものと思います。

ここに立てば憲法で、「万世一系……」や「象徴天皇制」を規定している、近代日本社会のおそるべき後進性と暗黒性は、実に根深いものと思います。日本古代史の真実探究という問題は、実に、その岩盤を打破する根底的な問いかけ、と思います。

そうしてこの尊皇日本史論批判の第一番目は、〝天皇四〇代にわたって首都と、そこに定着した王宮がない〟とか、〝国家形成以来、今日まで、王朝・国家は、ただ一つ〟という「歴史」など、人類の国家形成・発展史にみる普遍性に照らして、それに著しく反したものであって、日本人を人類の一枝と云う立場からは、あり得ない歴史ではないか、この解明こそは、日本の後進性の突破口になる問題と私は思うのです。

本書は、一つは、江戸時代以来の先人の意義ある探求に学び、もう一つは日本の水田稲作農耕開始とともに始まる「弥生都市」の研究を、マルクス〜ゴードン・チャイルドの「原始都市形成論〜都市革命論」にたって位置づけ、さらには水戸史学・国学以来、今日にいたるまで〝憲法第一条擁護〟の国公立大学等の日本古代史学が無視・否認し続けている、古代以来の中国正史類の「対倭」交流記をも〝原始的都市論の見地〟にたって考察し、〝古代国家は都城・首都を核に形成される〟という、世界の古代国家形成論にたって、あらためて明治以降の「日本古代史」の検証を試みるものです。

これをおこなうにあたっては、たとえば北九州における水田稲作の開始・普及に関する、放射性炭素年代測定値を承認する見地にたちます。ここにたてば日本古代文明・国家形成の地は、北九州を中心とする日本海沿岸地方ということになり、近畿中心主義は成立しないことになります。

それは〝『記・紀』の日本史の否定〟へと道を開くのです。逆に言えば、だからこそ世界がそこにたつ自然科学的年代測定値に、「ヤマト朝廷一元史観」に固執する今日の通説的日本古代史学は猛攻を加えるのだと。したがってこれに拱手傍観して「学問の自由」を叫ぶのは、〝子どもが溺れているのをただ見物〟するのと、五十歩百歩の姿というべきものと考えるわけです。

もし日本古代史学が、「ヤマト朝廷一元史の日本史」の否定へと道を開くならば、それは〝日本史論として憲法第一条の「象徴天皇制」条項の否定に通じる〟ことは、見やすい道理でしょう。そうして真の〝科学的日本古代史学〟は、「天皇制賛成・反対」にかかわりなく、『記・紀』の「日本史」を否認・葬り去るのです。

それに道を開く論拠・根拠の第一が、「神武から天武にいたる天皇四〇代に御城・首都がない」という『記・紀』の記載への、世界と古代琉球史で解明されている古代国家形成・発展史の研究であり、第二は、後述する『日本書紀』神功皇后紀の、北九州から朝鮮半島をさす〝方角記載〟なのです。

そもそも「ヤマト朝廷一元史観」とは、戦後は口にされなくなりましたが、戦前の日本社会では、〝忠君・愛国論〟で猛威をふるった「万邦無比の国体」論と同質のものです。これは戦前、「忠君愛国の切札」であって、「わが日本帝国は、皇祖が日本国を建国し、以来万世一系の天皇が統治する世界にならびなき尊い国、絶対不敗の神の国であって、全世界に君臨すべき国である。これが日本民族である。」というように喧伝されたものです。

この宣伝のもと、結局は南海諸島での玉砕、人命軽視の特攻隊等、または広島・長崎の原爆被爆、東京大空襲等々の惨劇、なんの罪もない人々が、子どもが、何万人も殺され、沖縄は戦場とされ、当時差別されていた沖縄の人々は、日本軍によってても真には守られたとは言えない状況さえ生じたのです。

これを当時の軍国主義をあおった軍部や、政府の責任というのは当然ながらも、それだけではまだ半分だと私は考えるのです。これと責任を分かつものが「万世一系の天皇制こそ日本民族の歴史だ。」という、「万邦無比の国体論」、今日の言葉でいえば「ヤマト朝廷一王朝史観の日本古代史論・日本史論、およびそれを国民に教育・宣伝する先頭に立っていた〝国史学者たち〟です。

戦後は「皇国史観批判」と称して、『記・紀』の神話と、それを『国史』と称した日本史観が批判・否定されただけで、肝心要の「万世一系の天皇制」、すなわち「ヤマト朝廷一元史観」は戦後も堅持され、「象徴天皇制」として戦後の憲法第一条に規定されているわけです。

三　戦後の「一元史観」堅持の背景

戦後、『記・紀』の神話が「偽造の説話」と称して批判され、厳しく排除されました。これをとくに戦前から「天皇制批判」をされてきた人々のなかには、手を打って歓迎する傾向も見られました。そのお気持は大いに理解できますが、しかしこれは、マルクスのいう『「産湯とともに赤ん坊を流す」批判』より悪く、マルクスの表現を真似すれば、「赤ん坊をすてて、産湯を有難がる」批判ということになると考えるものです。なぜならば『記・紀』の神話は、古代ヤマト朝廷によっていびつにされているとはいえ、先に述べた北九州~日本海沿岸の弥生文化が、その根底に横たわると考えられるからです。これを戦後、明らかにされたのが、古田武彦氏の『盗まれた神話』（朝日新聞社、一九七五年。角川書店、一九七九年）です。

弥生文化といえば「弥生土器」の他に銅矛・銅鐸などが代表ですが、あの文化を残した人々、後述するとおりに古代中国とも積極的に交流していた人々、今日の日本人の直接的な祖先にあたる人々であって、この人々、われわれの祖先に神話も伝承もないはずはないでしょう。それにひきかえ「万世一系の天皇制」、すなわち「ヤマト朝廷一元史観」の方こそ、世界に例がない歴史の姿、すなわち「万邦無比の国体論」です。

この言葉は、現在「死語」の観があります。しかし現実には二〇二〇年（一月一三日）に、麻生太郎副総理大臣兼財務大臣が、福岡県直方市で開催された〝国政報告会〟で、「二〇〇〇年の長きにわたって、一の民族、一つの王朝が続いている国は、ここ（日本）しかない。」（東京新聞、一月一四日付け）と述べたと報道されています。すなわち「万邦無比の国体論」です。

本来、人間であれば、こうした「万邦無比の国体論」を公の場で口にする以上、また、それが社会的に承認される以上、社会的に「なぜ日本人だけが、全世界でただ一つ、しかも同じ日本人の古代琉球・沖縄の人々とさえ根本的に異なる、〝一国家＝一王家史〟なのか、〝その根拠、それを必然たらしめた歴史的個性はなにか、それの科学的学問的説明〟が求められるはずです。

戦前はこれを、『記・紀』の神話で説明したわけです。これが「天皇は神、日本は神国」論です。戦後は「神話否定」で〝戦前を反省し〟、そのかわりに戦前、神様が安置されていた場所に、国際的に批判・否定された〝三角縁神獣鏡・魏鏡説〟をはじめ、〝巨大前方後円墳・ヤマト朝廷造営論〟という、「万邦無比の考古学」を担ぎだしたわけです。

しかし、なぜ戦後、「日本神話が否認されながら、万邦無比の国体論」は生き残ったのか、という問題には、人間の普通の頭があれば誰でも理解できる、背景・理由があるのです。それは「政治」です。

ただしその「政治」は、戦後の〝アメリカの対日政策という政治〟です。戦前の「尊皇論」は、武家政権否認を一方の極とし、もう一方の極を、国民支配のための〝日本社会の伝統論〟として、『記・

紀』等の「日本史・日本文化」論が利用されたのです。後述します。

戦前・戦後ともに「日本史」、とりわけ「日本古代史」論が、日本の政治・社会の〝あり方の基本とされている〟、これが明治以降の日本社会の姿と思います。

この「日本史論・日本民族の伝統論」がアメリカの対日政策として、アメリカ的に色染めされたものが戦後の「象徴天皇制」と思います。それは戦前には、「天皇は天照大御神以来の万世一系」と神格化されていたものが「象徴」、つまりは「歴史的かつ国民的に形成された、民族的・伝統的な日本の歴史的観念」ででもあるかに、言いかえられたのです。

ようするに天皇は、「神から人」へ格下げされたわけです。戦後の「天皇の人間宣言」です。これをもたらしたものがアメリカ軍、およびアメリカ政府の天皇制利用論です。それは以下のように、これは当たり前ながら徹頭徹尾、占領者・アメリカ軍とその政府の都合・立場を限りとしたものです。同時に、そのなかには「万邦無比」論への、正当性ある批判の見地もふくまれた部分もあることは、あとに指摘したいとおきます。

本来は、こうしたアメリカ都合一点張りの「天皇制論」に、日本側に正しい〝公的ないし国民的〟批判があることが、日本人として望まれますが「押しつけ憲法」などの反動的見地以外には、そうした真に正当性のある批判の見地は、今日にいたるも社会的には、まったくないというのが日本の姿と思います。まさに「万邦無比」の悲しさでしょうか。

戦後、連合国のなかには、「天皇制は民主主義に馴染まない。」という、当たり前の声がありましたが、アメリカの戦後の対日政策で大きな役割をはたしたと指摘される、戦前の駐日大使クラーク・グルーは、戦後の対日政策の基本に〝天皇制維持〟をおくことを主張し、マッカーサー等もこれに同調したという指摘があります。

グルーが天皇制維持を主張した理由は、「天皇制の前では、日本人は羊のように大人しく、新しい環境、指令のもとでどのようにでも誘導され、つくり変えることのできる国民である。」（中村政則氏著、『象徴天皇制への道』、四一頁、岩波新書、一九八九年、第一刷）とか、「日本の占領・支配を安定したものにするには、日本側の文民の協力を取りつけることが必要だろう。その協力を得るに際しては、天皇の権威を利用した方が、百倍・千倍もの効果が保障されよう。」（前掲書、一一五頁）、さらには「日本に民主主義を接ぎ木しようとしても、混乱に終わるだけでしょう。天皇制が日本人の生活の礎石であり、最後の頼みである、……健全な政治構造を打ち立てる時の土台として利用できるのです。」（同書、四六頁）という視点からです。

これは当然ながら、アメリカの当時の「世界政策」の一環からの、しかも〝敗戦国の日本国民を見下す〟視点にたってのものです。もちろん当時の日本政府等は、「天皇制護持・存続」に固執したことはいうまでもありません。その理由は、外国人のグルーが云うように、明治以降の天皇制とは後述するとおり、国民を天皇の名で思うように支配できる、大変、支配者にとって便利な思想、すなわち「日本古代史論」＝「日本民族の歴史と文化・伝統論」に名を借りた、国民支配のイデオロギーだからです。

同時に、外国人たるグルーは、一方では傾聴に値する発言をもしています。それは、「軍国主義者を一掃してしまえば、国家神道（万世一系の天皇制という歴史と文化観）の害悪も、大部分は消え失せるであろう。君もよく知っているように、それ（万世一系の天皇制という歴史観等）は、すべて純粋に人工的につくりだされたものなのだ。」（前掲書、一五七頁。傍線は引用者）という指摘です。

ここには『記・紀』と、それを弁護する「日本古代史学」の日本史を、「君もよく知っているように、それは、すべて純粋に人工的につくりだされたもの」と、特徴づけている点が重要です。『記・紀』とそれを弁護する「日本古代史学」の日本史を、いわば「歴史造作の作文」と評しているわけです。

これはあまりにも当然のことです。そもそも「全世界に例がない、日本本土だけの特別の国家形成・発展史」などという説は、日本人を〝人類にいれる〟のであれば、その特異性に関する合理的な説明がないかぎり、〝作り話に過ぎない〟とすべきものだからです。

さてグルーの「天皇制」にかんする、ここでとり上げる最後の発言は、「戦後日本古代史学」にかんするものです。それは「……神道崇拝が天皇崇拝を含む以上、将来、軍国主義者によって支配されず、平和を求める統治者（天皇）が皇位につけば、神道は負債というよりは資産となると考えることは、私には常識のように思える。

しかし私がこういったからといって、日本の天皇を神であるという神話を維持せよと主張しているわけでは決してない。日本における軍人階級の権力と影響力を永久に除去したならば、日本人の再教育を通じ、そのような偶像崇拝は破壊されなければならない。」（同書、五三頁）。ここには明確に「日本神話の否定」が提起されています。

その意図は「天皇の神格化の否定」です。ここに戦後、あらたに権威とされた津田左右吉氏の、いわゆる『「記・紀」批判史学』を評価した力、その源泉が浮彫にされているのです。しかし、だからといって『記・紀』の神話が、「ヤマト朝廷の神話」という根拠はないのです。

そもそも「天皇四〇代にわたって都城・首都も、そこに定着した王宮もないもの」に、国家的民族的性格の「神話」が、固有のものとしてあるわけがありません。

また津田左右吉氏は、終戦の翌年（一九四六年）に雑誌『世界』四月号に、「建国の事情と万世一系の思想」と題する一文を書いた人です。氏は骨の髄からの「万世一系論者」です。この氏の「日本神話論や神武天皇の東征説話の造作論」に、科学的論拠は皆無です。

こうした氏の『記・紀批判史学』が一躍、権威とされたのは、ひとえにアメリカ占領軍の「対日政策」、その中心の「天皇制の利用とともに、その神格化の否認」です。これが、〝津田氏の『記・紀』批判史学〟への評価の背景と考えます。したがって、こんなものを何時までも有り難がっているのは、恥でしかないでしょう。

こうした現代史をも踏まえてこそ、日本古代史学の正しい探究の道が開かれると考えるものです。もしこの「日本古代史」を単純に、「日本古代社会の歴史の探究」と考えるとすれば、それは幕末に水戸史学・国学によって、『日本書紀』『古事記』の神聖化・絶対化がおこなわれ、その影響下に「尊皇攘夷」の「尊皇論・尊皇思想」があらたに形成されたこと、およびこれが維新勢力の討幕の「錦の御旗」とされ、以後この「尊皇・日本史論」は、新政府の〝日本史論的正統性〟論の旗印となっているという、「歴史の事実」を軽視・無視するものとおもいます。

したがって「日本古代史」の真実の探究は、述べたとおり世界の古代史探究の観点・方法に注目し、これに学び、ここにたって従来の尊皇日本史論にとらわれることなく、同時に『古事記・日本書紀』の問題点にも、遠慮なく学問的メスを入れるという態度が求められると思います。それをおこなう基本的な観点・方法は、「事実にたって、真実を探求する」という態度を堅持し、それ以外のいかなる権威をも認めない、という見地です。これが本書の立場です。

四　古墳時代の「宮」は、〝考古学上発見できない〟

なおこの項の最後にさきの『岩波講座・日本歴史』（第一巻）の、「古墳時代の各天皇の宮」が考古学上、「発見できない」と述べている点を、ここに引用しておきます。

「古墳時代における王宮の存在は、考古学的証拠からは導き出すことがかなり難しい。とくに畿内地域において、豪族層の居館を規模や構造において上回る施設を指摘することは困難であり、大王家と豪族との間でそれぞれの施設を峻別できるかどうか疑問である。」(同書、二二八頁)。

ここでは「前方後円墳、世界の古代史でも屈指」という勢いは、しぼんでしまいました。しかしこの後に以下のように書いています。「(天皇ごとの宮は)文献研究では、王宮や諱にちなむ部民(名代、子代)の存在とともに、実際にあったことが確かめられており、それが王族の間で継承されていたことが明かになっている。」(同書、二二八頁)。

ここに「ヤマト朝廷一元史」に特有というべき「考古学」の、世界との違いが明白です。そもそも古墳時代、時の天皇は、古代エジプトのファラオか、秦の始皇帝に匹敵する墳墓の造営者とされているわけです。ところがひとたび天皇個人ごとの、「宮」(みやこ)の考古学的確認の段になると驚くなかれ、「大王家と豪族との間でそれぞれの施設を峻別できるかどうか疑問である。」というのです。

すなわち四～五世紀の「天皇」の宮は、〝考古学的に発見・確認できない〟というわけです。これは「ヤマト朝廷一元史観」からは、おかしいでしょう。〝世界に冠たる大古墳を造営できる〟ほどの〝天皇の宮〟が、「豪族と区別できない」とか、「考古学的に発見できない」というのは。つまりは〝王宮は発見できない〟、ということです。

これは本来、健全な理性にたてば、〝七世紀以前、首都・都城がない〟という『記・紀』の記載は、〝七世紀以前、ヤマト朝廷は存在しない〟ということの告白であって、ましてや〝前方後円墳・ヤマト朝廷造営論〟などは、論外というべきもの、ということです。したがって「天皇の宮」が発見できないのは、世界の古代国家形成・発展史に照らせば、〝当たり前〟のことです。

人類の古代国家の誕生の基礎は、後述するとおり人類が農耕を開始し、それにともなって新たに誕生・形成される〝原始都市〟が土台であって、その原始都市同士の抗争が最初の古代国家誕生の条件となるのです。これはマルクス・エンゲルスおよびモーガンの見地です。

ところが古代国家形成にかかわる日本古代史学の主張、これは「日本的〝生産力理論〟」、すなわちいわゆる「史的唯物論風の国家形成論」ですが、この〝史的唯物論〟は、実は、〝日本古代史学特製のマルクス主義〟だと、私は考えるものです。

これは先の「二〇一三年の『岩波講座・日本歴史』（第一巻）」で、「石母田正『日本の古代国家』」（同書、五頁）として絶賛されている、石母田正氏〝特製の史的唯物論〟、それは、いわば「手抜き」製品であって本物との比較をこのあとで、当のマルクス・エンゲルスおよびモーガンの記述によって、確認したいと思います。

これとともに後述する古代中国正史類の「対日（対倭）交流記」の「倭都」も、マルクスからチャイルドにいたる古代国家形成論の見地と矛盾がない点、指摘しておきます。

同時に、ここに、ぜひ、指摘しておかなければならない問題があります。それはアメリカ大陸を除く旧大陸の歴史学的考古学のあり方に、日本古代史の考古学は〝反したあり方〟をしているという問題です。

〝旧大陸の歴史学にかかわる考古学〟には、過去の歴史の記録の真偽、その記載の正確、不正確の検証という性格が一個の基本をなしているという点です。もっとも有名な例が、〝シュリーマンのトロイ発掘〟であり、古代中国の例では『史記』の夏・殷の記載にたいする疑念が、その首都・王宮の発掘によって検証され、その記載の正しさが証明されたという例です。

この他にも『聖書』の「大洪水」説話では、「ギルガメシュの叙事詩」（楔型文字）の粘土板の発掘等々の例があります。これらの「考古学」とは、指摘したように過去の文献・文字の記録への〝真偽の検証〟という性格があって、歴史学における考古学とは、そもそもは「シュリーマンのトロイ発掘」の例に見るように、過去の人類の文字の記録の「真偽」の検証という性格が一個の基本であって、この基本に照らすとき日本古代史にかかわる〝考古学〟の特質は、アメリカ大陸での「考古学」同様に、「主観主義的・考古学」とよばれる類に属するという点です。

ただしアメリカ大陸の古代文明には「文字」がないという、旧大陸との根本的差異があり、好むと否とにかかわらず出土物への理解は、発掘者の見解、すなわち主観に依存せざるを得ないという特徴、ないしは制約があるわけです。しかし、日本古代史には『古事記・日本書紀』および、古代中国・朝鮮諸国の文字の記録が裕福にあるわけです。

にもかかわらず日本古代史の「考古学」のあり方は、〃アメリカ大陸〃的なのです。これを日本古代史の考古学の権威、小林行雄氏の著書（『古墳時代の研究』、青木書房、二〇〇〇年、第一版、第一二刷）でみると、以下のように述べられています。

「真の考古学は実証の上に立つ推論の学であるべきである。」（「序」、一一頁）。いったいここでいう「実証」とは何で、なにを「推論」すべきなのですか。こう見てくると日本古代史学の考古学には、『記・紀』の記載の真偽を検証する「考古学」は存在せず、「三角縁神獣鏡・魏鏡」説とか、「巨大前方後円墳・ヤマト朝廷造営説」など、〃『記・紀』の史観の弁護・合理化としての「推論・考古学」以外には、存在しないということになります。

すなわち『記・紀』の記載の真偽を検証するという、ヨーロッパ・古代中国史的考古学は日本古代史学には皆無だ、ということです。日本古代史の場合、文字の記録は後述するとおり、『記・紀』の他に古代中国・朝鮮諸国の文献、という形でいわば裕福にあるのです。

しかし、これらは肝心なところで後述するとおりほとんど最初から否認され、日本古代史にかかわる考古学とは、個々の出土物への権威ありとされる学者諸氏の見解（主観）が規準とされ、「三角縁神獣鏡・魏鏡説」、「巨大前方後円墳・ヤマト朝廷造営論」等々が、いかにも〃科学的客観的考古学〃ででもあるかにいわれ、国民もそう信じ込まされています。

だが旧大陸の近代的歴史学の考古学の基本見地が、述べたように歴史的文献の記載の真偽の検証にある点が重要です。それは『記・紀』においては、七世紀以前に本来、国家形成の最初から存在すべき都城・首都および王宮が、「ない」と一々記されている点、ならびにそれが「古墳時代、発見できない」という事実こそが重視されるべきであって、これの真の意味は、〝この時代ヤマト朝廷は存在しない〟ことを、考古学が示しているのです。したがって「三角縁神獣鏡◎◎論」とか、「巨大前方後円墳ヤマト朝廷云々論」は、当然「二の次、三の次の問題」なのです。

こうした正当な「歴史学もその考古学」も、日本古代史学には明治以来なく、考古学においてさえも「推論」という名の主観主義が、大手を振って罷り通り、その主観主義的見地の当否は何によって決定されるのか、といえば〝権威とされる学者の鶴の一声〟という「人の意識」です。所詮は主観主義相互の無内容・有害な乱舞、〝好き嫌いや、この説・あの説は、誰にとって好都合か不都合か、の取っ組み合い〟であって、それの「最後の審判」者は、「階級社会では支配階級に有利か不利か」でしょう。

こんなものが〝事実に代わって公正な科学的見解〟という、制服を着ることがゆるされる社会、これが戦後の日本的光景です。この〝考古学〟には、その見解・主張を客観的に決定する根拠がありません。その「当否は、如何にして生まれ、決定されるのか」を問えば、〝学会の権威ありとされる学者のツルの一声〟でしょう。

典型的な「アジア的専制体制の姿」です。その「権威」の根源は、戦前は、いわゆる「皇国史観史学」です。戦後、この「皇国史観史学批判」を推し進めたものは、戦後の日本古代史学、その背後には〝押しつけ憲法〟と評す人もいる、戦後の「日本国憲法」の誕生にも関わった、アメリカの先述の「天皇および天皇制の利用と、それの神格化の否定」が控えている、というわけです。

このように現在の日本古代史学は、日本古代史にかかわる〝事実〟ではなく、「憲法」規定という〝主人もち〟であって、したがってその〝考古学的見解〟も、例えば「三角縁神獣鏡・魏鏡説」が国際的批判にさらされるや、〝事実と道理にたった堂々たる反論〟はおろか、まともな反論もできず、ただその〝批判〟に白い目をむくばかり、という有様になるのも道理です。

第二章　マルクス～チャイルドの「古代都市論」

国家の誕生とは、人類が農耕段階にはいるとともに開始される社会の姿、その変化の結果です。世界で最初にこの点を明らかにした人は、マルクス・エンゲルスおよび一九世紀のアメリカ人、ルイス・ヘンリー・モーガン（一八一八～一八八一）と考えます。

モーガンはアメリカ大陸の先住民、インディアンとその社会の研究家で、その代表作は『古代社会』（一八七七年年出版。荒畑寒村氏訳、角川文庫、一九五四年、初版）が有名です。知られているとおりモーガンは、マルクス・エンゲルスとは独立に、いわゆる「史的唯物論」を確立し、エンゲルスの有名な『家族・私有財産および国家の起原』に、大きな影響を与えたと云われています。

しかし本書が主に依拠するのは、このモーガンの『アメリカ先住民のすまい』（古代社会研究会訳、上田篤氏監修、岩波文庫、一九九〇年、第一刷）です。この著書は、有名な『古代社会』の一篇として書かれたものですが、これを加えるとあまりにも膨大になるという理由で、『古代社会』には含まれず一八八一年に、あらためて出版されたという経緯がある著書です。

この意味は一般的に『古代社会』（上・下）とあわせて、この著書を読まなければ、モーガンの『古代社会』を読んだ、ということにはならないのでは?、という性格の著書だということです。なおこの他に一言つけ加えなければならない点は、「ソ連の崩壊」以後、「社会主義・マルクス主義古臭い」論が喧伝され、この一環として〝モーガン古臭い〟論が、なにか権威でもあるかに主張された点です。

思想や学問的見解を流行の髪型や服装じゃあるまいし、「古臭い」などという傾向は浅ましい姿におもえます。したがって当然ながら世界の現実は、このそこの浅いカラ騒ギとは逆行しているようです。しかもその現場は他ならぬアメリカ合衆国、すなわちモーガンの祖国においてです。

それはこの国で現在、サンダース米上院議員を先頭に、「民主的社会主義」を標榜する新しい動きが生まれ、「民主党の左派」を形成し、これにアメリカの青年たちが積極的に参加し、今回の米大統領選挙での民主党の勝利に、貢献したと報じられている点です。

私が二〇代のころのあの安保闘争時代、アメリカ社会に「社会主義」を云々する勢力が誕生するなどは、まだ先のまた先と思われたものです。それが現在では見方によっては、日本のかっての暴力主義的・反社会的な、「全学連」風の集会やデモではなく、選挙活動などの地道な仕方で社会の変革をめざして活動しているという、その現実は注目されます。

一　マルクスの考察

まずはマルクスの、〝農耕文化の開始・確立と、原始都市形成にかんする考察〟を述べます。「氏族社会的共同体（定住氏族社会）が　出会う困難（土地の占有権の確保にかんする）は、他の共同団体からのみおこるのである。すなわち、他の共同団体が土地をすでに占拠しているか、でなければ占拠している共同体をおびやかすのである。だから戦争は、それが生存の客観的諸条件を占取するためであろうと、その占取を維持し、永久化するためであろうと、必要にして重大な全体的任務であり、重大な共同作業である。

だから家族からなっている共同団体（定住氏族社会）は、さしあたり軍事的に編成される——軍制および兵制として。そうしてこれが共同団体が、所有者として生存する条件の一つである。住所が都市に集合するのが、この軍事組織の基礎である。」（マルクス著、『資本主義的生産に先行する諸形態』、一三頁、この論文は一八五八年執筆。寺島正毅氏訳、大月書房、一九七一年、第一〇刷）。

まことに優れた考察であって「日本古代史」を探究するものならば、見落としてはならない研究とおもいます。この指摘するところは、農耕・家畜の飼育段階に達した人類が生存するにあたっては、その土地・水利等々の確保、すなわちその所有権の確保は絶対的、かつは排他的な性格のものであって、その土地の諸条件の良し悪しは、良好な収穫にとって決定的な要件であれば、その土地をめぐる抗争は必定でしょう。このもとではその氏族的団体は、その軍事組織の確立は不可避的なものであって、それは血縁関係にそって形成・組織される、といっているのです。

二　モーガンの指摘

つぎにこのマルクスの指摘とおなじことを、モーガンが述べている点をあげます。

「トラスカラのブエプロ（スペイン語、集落）の四地区に住んでいたトラスカラの部族の四つの〝血統〟は、たぶん非常に多くの同族（婚姻可能な同一血族）から成り立っていたと思われる。彼らは、四部族として十分な人数であったが、同一ブエプロに住み、同一の方言を使っていたので、胞族組織が必要であったことは明らかである。

かく血統、すなわち、いわば各胞族は、独自の軍事組織をもっていた。つまり、特有の服装や旗、軍総司令官の役割をはたす将軍を有していた。胞族や部族による軍事組織は、ホメイロス時代のギリシャ人に知られていた。例えば、ネストルはアガメムノンに、『軍隊を胞族や氏族にわけよ。そうすれば胞族は胞族を、氏族は氏族を援護できる。』（『イリアス』第二巻、三六二頁。これは「原註」）と忠告している。

もっとも発展した型の氏族制度のもとでは、血族の原理が、かなりの程度に軍事組織の基礎をなしている。アステカ部族も同じやり方でメキシコのプエプロを、四つの明確な区画に分けて住んでいた……。」(『アメリカ先住民のすまい』、三八頁)。

ここにはアステカにおいても、マルクスの指摘と同様の氏族的原始都市の血縁構造が、その軍事的組織の基礎をなしている点が、指摘されています。これはわが日本においても弥生時代には、同様であったこと考えられるのです。

三 原始都市の「血縁構造、四地区制」

氏族社会の原始都市の構造は、氏族社会の血縁関係にもとづいて、日本本土をのぞいて世界的には、「四氏族制・四地区制の区画割り」と指摘されています。つまりは原始的定住地が、〝都市〟を形成する必然性の指摘です。この点、エンゲルスは次のように述べています。

「征服当時(スペイン人による)のトラスカラ(メキシコ)の四地区に住んでいた、四つのラインニッジ(血縁団体)が、四つの胞族であったとすれば——このことはほとんど確実なことだが——これでもって胞族が、ギリシャ人の胞族やドイツ人(ゲルマン民族を指す)の類似の血縁団体と同じく、軍事的単位と見なされていたことが証明されたことになる。

これら四つの血縁団体は、各自それぞれ別個の部隊として、独自の制服と軍旗をもって、各自の指揮官にひきいられて戦闘におもむいた。」（エンゲルス著、『家族・私有財産、国家の起源』、一四六頁、土屋保氏訳、新日本出版社、一九九四年、第二版）。

さらには古代ギリシャのアテネの都市国家の形成問題をめぐって、「クレイステネスは、その新制度（アテネの都市国家形成をめざす）において、氏族と胞族に基礎をおく四つの部族を無視した。それにかわってナウクラリアで試されたところの、単なる定住地による住民の区分をもとにした。」（『家族・私有財産・国家の起原』、一八九頁）。

こうした人類の歴史の普遍的姿は、マルクス等よりははるかに古い時代にも、また反対に、はるかに新しい研究でも指摘されているのです。古い例ではインドの『ダルマ・スートラ』の、「四種姓の権利・義務・生活法」（佐藤圭四郎氏著、『世界の歴史6』「古代インド」、一三〇頁、河出書房、一九八九年、初版）があり、またインカ、古代中国の例もあります。

インカにかんしては、「タワンティンスーユ」（マリア・ロストウオロフスキー女史著、『インカ国家の形成と崩壊』、増田義郎氏訳、東洋書林、二〇〇三年、初版）というインカ人の自国への呼称があって、これは「一つに統一された四つに地方」という意味と、マリア・ロストウオロフスキー女史は述べています。すなわちインカが「四地区制」の都市構造であった、ということです。

最後が古代中国の例です。「陝西省臨潼県姜塞遺跡」（紀元前約四五〇〇年ごろ）にかんする研究結果からの報告です。それによれば「環濠集落がほぼ完全に発掘調査されており……中略……姜塞遺跡中期ごろになると、一集団がさらに半族として分かれていくことにより、結局四つの集団が出現していくことになる。大型住宅を核として集団が同心円状に求心的な配列を示している。

民族的例では四集団によって、外婚規制による安定した双分社会が存在することからみれば、この四集団が基礎になり、安定した双分制による平等な部族社会が構成されていたと考えるべきだろう。」（宮本一夫氏著、『中国の歴史01「神話から歴史へ」』、一一八頁、講談社、二〇〇五年）。

以上ですが、人間が農耕社会を形成しはじめるや、定住生活を開始するのは、その耕作地に隣接して生活することになる以上、それは当たり前のことです。

そうしてその後の社会の発展が、この「四集団四地区制」の定住氏族社会を基盤とすることは、議論の余地などないでしょう。こうして人間は農耕を開始するや定住的な集落を形成し、以後、このあちこちに形成される集落、本書はこれを「原始都市」とよんでいますが、これが基礎となって〝歴史は形成される〟、といっても誤りではないでしょう。

四　原始都市時代の特質……「戦争は個人の自由」

この原始都市時代の特質に「戦争は個人の自由」という、今日の人間の世界では考えられない性格が、普遍的なものとして指摘されています。古代ローマを滅ぼしたゲルマン人の、たとえばオドアケル等やのちの中世ヨーロッパの王侯貴族は、この習慣のなかから生まれ成長したものという指摘です。

日本ではヨーロッパの「王さまお姫さま」というと、夢があるようにいわれていますが、もとを質せば〝奪略者たち〟なのです。この「奪略行為」は、人類の「原始都市」時代には、普遍的なものであったと指摘されているのです。

まずはモーガンの、アメリカ・インディアンの戦争にかかわる風習の指摘です。それは究極的には、「戦争は個人の自由」という風習に由来するということになります。

「軍事行動は、おおむね志願制度に委ねられていた。理論的には、各種族は平和条約を結んでいない他のあらゆる種族と戦っていた。誰でも自由に戦闘部隊を組織し、好きなところに遠征することができた。戦踊を催し、志願兵を募集し、その目的を布告した。

この方法は、その計画に対する人気の実際の試金石であった。もし彼が、彼の舞踏に参加したような人々からなる一隊を、首尾よく編成し得たならば、彼らは情熱が高潮にたっした間にすぐ出征した。一種族が攻撃をもって脅かされた時も、ほとんどこれと同じ仕方で、これに対応すべき部隊が作られた。かくて募集された兵員が一隊に結束した場合、各人はそれ自身の部隊長の配下におかれた……」（『古代社会』上巻、一四一頁）というものです。われわれ日本人が知っているのは、「西部劇」にみる「インディアンの出陣の踊」です。

古代中国の例では「鼓舞」です。日本では「勇気を鼓舞する」と云うように使われています。「出陣の踊」が原点です。エンゲルスは、『家族・私有財産・国家の起原』で、このモーガンの指摘を擁護しつつ、さらに以下のように述べています。

「一つの制度が王権の台頭をうながした。従士団である。われわれはすでにアメリカ赤銅人（インディアン）について述べたところで、氏族制度とならんで、自力で戦争をするための私的な団体がどのように形成されたかを見た。

これらの私的団体が、ドイツ人（ゲルマン民族）のもとですでに恒常的な団体になっていた。名声をかちえた軍事指導者は、略奪欲にもえる一群の若者を自分のまわりに集め、若者は彼に、また彼は若者たちに、個人的誠実の義務を負った。

指揮者は若者たちを給養し、賜り物を与え、階位制にしたがって彼らを編成した。それは、小規模な出征のさいの親衛隊、兼、戦闘力ある部隊であり、大規模な出征の際の練達した将校団であった。

これらの従士団がどんなに弱体だったにせよ、それでも従士団はすでに古い人民の自由の崩壊の萌芽をなしており、民族大移動中とその後に、そうした萌芽たることを実証した。というのは、第一に、それは王権の台頭を促した。」（『家族・私有財産・国家の起原』、二三八頁。傍線は引用者）。ここには「自由と平等な氏族社会」から、国家が如何に誕生するかの、一つの側面が、見事に浮き彫りにされています。

さらにエンゲルスは、「新たな築城工事を施した都市のまわりの威嚇的な囲壁は、いわれなく屹立しているわけではない。囲壁の濠には氏族制度の墓穴が口をかけ、囲壁の櫓はすでに文明時代にはいって、そのなかに聳えているのである……中略……最後に……世襲王権と世襲貴族の基礎が築かれる。」（同書、二六八頁）と述べています。

この一文は、まるで『三国志』魏志・倭人伝にみる「卑弥呼の都城」描写と、見事に重なる点、後述します。エンゲルスのこの一文は、まるで卑弥呼の「都城と宮殿」を目の前においているかのようです。

こうした氏族社会的な〝原始都市〟は例外なく、しっかりした防御体制を確立しているのです。わが日本においても弥生時代の集落、本書はこれを原始的都市とよびますが、これは「環濠集落」とよばれています。しかも『吉野ケ里遺跡』では、濠の他に集落に木柵が巡らされていたと思います。これは弥生集落が全世界の原始的集落、そこから次に述べるように古代国家が誕生するところの原始都市と、本質的にまったく共通の性格のものであったことを示すものと思います。

なお定住氏族社会の特質ですが、我々日本人もそこから国家を形成したそもそもの社会は、血縁を同じくする人々が同一の集落に、「四部族等」に分かれて生活し共同の土地を、その社会の公費用の算出のため各人平等に分担耕作し、集落の各人には、その集落・氏族から各人毎に平等に分配され土地があって、各家族が消費する生産物の生産に当てるという土地制度が、この社会の土台をなしている、すなわち「平等と各自の同権」が確保されている社会、これが「原始都市」の姿、いわゆる〝原始共産主義の社会〟であって、これは全人類共通の姿です。

これはモーガンの『アメリカ先住民のすまい』に、みごとに、かつは詳細に述べられています。ところがこうしたモーガンの著書を読まないか、またはその存在を知らないかなどの事情からか、原始共産主義社会の存在を疑い、「共産主義者の宣伝」などと否定する傾向があります。

もっとも日本の「史的唯物論」では、モーガンの『アメリカ先住民のすまい』は、口にされないようですが……。その結果かもしれませんが、土地などの共有制の理由説明に、「生産力の低さ」というような問題に著しく力点がおかれて、原始共産主義社会の構造・社会の仕組み、「自由と民主主義」の実体およびそのもとでの人間像の指摘はないか、著しく影が薄いように思います。

モーガンやエンゲルスの先の著書には、原始共産主義社会の現実的人間であるインディアン一般が、個人的人格の尊厳の高さなど際立つ特質がある点が、日本に先駆けて民主社会を構築・経験しているヨーロッパ人自身によって、指摘されている点が印象的です。真に「自由と民主主義」のある社会では、他人にへつらい、顔色をうかがい忖度する必要など、まったくないからです。

そのうえに食料などに困窮した場合や、災難に遭遇したなどの時に、無条件に助け合う習性が、『アメリカ先住民のすまい』に詳しく述べられています。この習性は、生産力が低かった時代の人類が、災害などの困難に遭遇した場合に、無条件に助け合う習性に根源を発し、客人を盛大にもてなす習慣などと結びついていると、モーガンはその著、『アメリカ先住民のすまい』、「第二章　歓待のしきたりとその実践」で詳しく報告し、これは当初、アメリカ大陸に侵攻した白人にも盛大におこなわれたと書いていています。したがって当時のインデアィンの世界では、「食料の独り占め・ケチ」は、最大の不名誉・恥・人間にたいする犯罪とされていた、と述べています。

しかし、これは「私有財産制」が人間社会の普遍的現実となれば、消えていく宿命を負ったもので、その結果、生まれながらに貧富の差がある私有財産社会では、「共産主義社会」への不信の根拠の一つとして、「人とは〝欲〟に手足が生えたもの」という、井原西鶴風の人間観を〝普遍的真理〟と主張する傾向があるのも、一個の光景でしょう。

しかし、これは「ケチ・一人占め」が美徳とされる社会など、夢想もしなかった古典的な氏族社会、すなわち原始共産主義時代が歴史的に消えたという、人類の巨大な歴史の動きをみれば、今日の「私欲」主義的人間像が、まったく消える時代が来るという主張を、否認・嘲笑するのはやはり「短見浅慮」でしょう。

同時に、こうした「私利・私欲＝人間の本質論」が、日本社会で今日も強く信奉される理由の一つは、「定住氏族社会」の決定的特質への日本古代史学の沈黙・無視という、世界の正当性ある歴史学からの〝陥没〟というべき重大な欠落が、一つの大きな背景をなしていると言えると思います。

したがって今日の日本社会では、とくにその支配層からは、「真実の日本古代史」は、ますます否認・

黙殺すべきものとされるのでしょう。

しかし同時に、世界の歴史では氏族社会時代、一旦、戦争になれば相互に「人間」と考えないという性格、したがって「他氏族」を攻撃し、その土地を強奪することは、攻撃をした氏族の間では褒め称えられこそすれ、批判・攻撃されるような問題ではないという、さきの「歓待のしきたり」とは正反対のあり方も、基本原則とされた時代だ、ということです。

こうした状況が日常普段に支配する世界では、〝一人の人間が自分だけの土地をもつとか、守る〟などは、ありえない非現実的なことです。自分たちの命と生活を守るとは、すなわち〝同じ血縁関係にある他者〟との、無条件の協力・共同であって、だからこそ軍事組織は血縁関係を基礎としたのです。

モーガンは『アメリカ先住民のすまい』で、西部劇に登場する「インディアン」、すなわち「草原インディアン」ですが、一旦、戦争になれば捕虜は「養子制度」で救済されないかぎり、〝みな殺し〟(草原インディアンは焼き殺す。中南米のインディアンでは生贄)が習いといいます。これが人類の生産力があがって「殺す」より、奴隷として使役した方が利益という時代がくれば、奴隷制が誕生する背景です。以上、定住氏族社会時代、土地・家屋は共有制度のもとにあったのです。

五　原始都市から国家へ

さて、こうした氏族社会の原始都市ですが、時代が進めばやがては人口増加などによって、分裂していわば子にあたる原始都市が誕生します。同じ原理で孫にあたる都市の誕生という発展過程をたどります。

こうした「発展」の結果は、共通の「親氏族の原始都市」から派生した、いわば「子・孫」集落・原始都市がうまれ、これが「部族」を形成することになります。

こうして「氏族」を単位とした社会は、とくに他氏族・部族との抗争・対抗もあって、部族連合体へと発展するのです。氏族社会の政治や、そのあり方はここで詳細に述べる余裕はありませんが、氏族・部族内部では徹底的に民主的なものであることは、モーガンの『古代社会』、ならびに『アメリカ先住民のすまい』に詳細に記されています。

この社会は氏族が基礎単位であって、氏族の代表者は、成人に達した男女の氏族員の選挙によって選出され、氏族が当面する諸問題は、成年に達した氏族員の全体会議で議論され、男女の差がないどころか酋長の選任・罷免をはじめ、女性の力は極めて強く、女性に信頼されないような人物は、この社会では公の仕事は望むべくもなかったと云われます。

すなわち徹底的に民主的な社会であったと云われています。これはおそらく弥生の「環濠集落」

でも、とりわけその初期は同様であったのでしょう。

六　氏族・部族連合体の確立と、その事務所

こうした民主的風習は部族の政治でも、モーガンの『アメリカ先住民のすまい』などによれば、保持されたと指摘されています。この社会は国家の形成段階に達すると、第一に、血縁の異なる氏族・部族相互の抗争を背景に部族連合体の確立へとすすみ、部族連合体の会議所が設けられたと云います。さらには緊急事態に対応する必要性もあって、共同事務所も設けられたとあります。

これにかんするモーガンの研究をここに、その著書『アメリカ先住民のすまい』で見ていきます。それによると先ずは、各種の一世代酋長、軍事酋長（選挙によって選出される）は戦争などの業務が増えて、ついには各自にそれぞれの氏族から割り当てられた耕地をも耕作できないほど多忙となり、有料の「代替耕作人」（のちの小作人？　引用者）に依頼して耕作してもらい、自分たちは部族連合体の共同事務所がおかれている原始都市（のちの首都）に、常駐するようになったとあります。

これをモーガンの指摘で見ていきます。「建物はテクパンと呼ばれた。族長会議（部族連合体会議、各部族の世襲酋長、普通（一世代）酋長、軍事酋長等で構成）は、政治機構として最高の権限があったため、それは文字通りの会議所であった。ブエプロ（その事務所のある都市）のほぼ中央に建て

られ、公の儀式を行なうために定められた広場に面していた。族長会議は、はじめは時々開けば十分だった。次第に定期化され、ついには日参しなければならないほどになった。

その結果、首長が恒常的にそこに住むようになった。これがこの会議所の一個の役割となった。さらに各種酋長はテクパンに日参しなければならないほどになった。」（前掲書、一六四頁）。

このテクパンには、そこでの公的活動を支えるための、費用を賄うための公有地が設けられ、氏族員の公平な分担労働で支える仕組みが組み込まれていたとあります。この「テクパン」と呼ばれる事務所の出現は、まさに国家組織の出現、ないしはその舞台装置の出現でしょう。ここに「首長」なり「軍事酋長」なりが常駐する体制は、これを「王と王宮」と呼べば、そのまま王朝と呼ぶものに著しく接近するのではありませんか。

七　古代中国でも発見

このテクパンと似た機能をもつ建物が中国でも発見されています。約五〇〇〇年前のものです。甘粛省秦安県の大地湾遺跡です。「総面積四二〇平方メートル……主室、左右の側室、後室、前門の付属建物の四つの部分に分かれている。主室は中央に位地し、その正面入り口は南向きで、主室の形は長方形を呈し、面積は一三〇平方メートル……主室の東西それぞれの辺に側室に通じる入り口があり、北側には後室があって、建物の周囲は黄土で版築した土壁が断片的に残っていた……中略……（この建物は）氏族或は部族が連盟して公的な活動を行う場所であろうと認識されている。」（費孝通氏編集、『中華民族の多元一体構造』、一九二頁、西沢治彦氏、塚田誠之氏、曾士才氏、菊池秀明氏、吉開将人氏共訳、風響社、二〇〇八年）。

八　中国・夏王朝の成立と部族連合体

以上のように国家形成前夜の部族連合体には、その中心的原始都市に部族連合体の共同の会議所が設けられ、そこに連合体の酋長なり軍事酋長が日常的に生活し、連合体の責任者の役割をはたす体制が日常化すれば、それはまさに国家体制の確立と紙一重の状態といえましょう。ここに古代中国最初の国家・王朝の夏の例をあげておきます。

「文献によると、中国の第一の王朝は夏王朝である。禹は部族連合の盟主になってから皐陶《こうとう》を後継者にした。ところが禹より皐陶が先に亡くなった。そこで、部族連盟の軍事酋長である益が後継者とされた。

禹の死後、禹の息子の啓及びその親族は部族連盟の盟主の地位を占めつづけようとして、一部の部族酋長の支持を得て益を殺し、啓が最高首長になった。……啓が禹につづいて最高首長になったことは、それまで続けられてきた部族連盟の（選挙による）盟主を、同じ家系が占めるという世襲制度の確立を意味し、そこで部族連盟が変質し、原始社会は崩壊した。」（王巍氏著、『中国からみた邪馬台国と倭政権』、四頁、雄山閣、一九九三年）。すなわち部族連合体の形成と、その共同の事務所の開設は、国家の形成・誕生といわば紙一重の差ともいえ、それは濠や石壁、櫓などで防衛された原始都市の、部族連合体共通の事務所が政治の中心の場になるのであって、これこそが次に述べる古代国家形成の基本的な姿でしょう。

『都城・首都とそこに定着した王宮』はここから生まれる以上は、「天皇一代ごとに、奈良県内や大阪方面等々を転々と移動する王宮・国家」などは、古代国家としては断じてあり得ない姿で、ここに『記・紀』の「日本古代史」偽造の正体が、さらけだされていると考えるものです。

第三章　ゴードン・チャイルドの「都市革命論」

以上に述べてきた見地を、さらにゴードン・チャイルドの有名な「都市革命論」で見て行きましょう。「チャイルドによれば、人類は約一万年前に、西アジアにおいて第一の大きな社会、経済上の変革をなしとげたのち、紀元前三千年ころにメソポタミアやエジプト・ナイル河下流域で、すこし遅れてインダス河や中国黄河（現在では揚子江）流域でも、第二の大変革を経験した。

いうまでもなく第一の変革とは、人間が定住生活を開始し、農業、家畜飼育を行なうようになったこと、そうして第二の変革とは国家、都市文明が成立したことをさしている。G・チャイルドは、これらを、それぞれ新石器革命、都市革命とよんだ。」（大貫良夫氏、前川和也氏、渡辺和子氏、屋形禎亮氏著、『世界の歴史』「人類の起原と古代オリエント」、一四六頁、中央公論社、二〇〇四年、第三版）。

一　野生麦の利用段階

G・チャイルドは文化と文明を区別し、文明を次のように定義したとして、以下の項目を列挙しています。①効果的な食料生産、②大きな人口、③職業と階級の分化、④都市の確立、⑤冶金術の出現、⑥文字、記念碑的公共建築物、⑦合理的科学の発達、⑧支配的な芸術様式。とはいえ世界のすべての文明がこの八項目を、ことごとく備えたとは言えない点も、また指摘されています（同書、一二七頁）。

G・チャイルドがいう「文明」とは、結局のところ〝国家〟の誕生です。すなわち「都市国家」です。人類の国家が最初に現れる場所は、原始都市です。日本古代史学には〝都市国家〟も、その概念もありません。最初から「ヤマト朝廷」という地域国家ないしは領域国家です。これは人間にたとえれば「赤ん坊時代や幼年期がなく」、いきなり「天上天下を指さして唯我独尊」といったとかいう、お釈迦様誕生説話と似たものです。

後述するとおり明治以降の「日本古代史」とは、戦前までは「日本神話」が、戦後は「原始都市および都市国家論のない」〝弥生時代論〟が羅列されるに過ぎません。

これにたいして紀元前約三一〇〇年ごろの原始都市・「ウルクの規模は、考古学者によれば約二五〇ヘクタールと推定されており、そのうち約二三〇ヘクタールが市民の居住区といわれ、この頃のウルクの人口は二三〇〇〇～四六〇〇〇人と推定されている。」（前掲書、一四七頁）とあります。

同頁に掲載されている「ウルク遺跡概略図」では、遺跡の全域が城壁によって囲まれています。これは人類の最初の国家である都市国家の普遍的な姿であって、古代ギリシャであれ、ローマであれ共通であって、古代中国の長安も城壁を有し、「都城」という言葉があるくらいであって、これはわが日本の弥生遺跡が「環濠集落」と呼ばれている現実にも、示されていると思います。

人類最古の農耕文明の曙は、野生麦の利用を基礎とする「ナトゥフィアン文化」（紀元前一万五〇〇〇年～前八五〇〇年ごろ）の出現といわれます。この地の一つは「西南アジア、とくにシリア、イスラエル、ヨルダン、レバノンにまたがるレヴァント地方」（前掲書、四五頁）と指摘されています。

野生麦の利用段階でも、「紀元前八五〇〇年を過ぎると集落は大きくなり、三ヘクタールを有する居住地もあった。前七六〇〇年ころになると、その広がりは四ヘクタールに達し、直系一〇メートル、高さ九メートルほどの塔（望楼といわれる）や、居住地を囲む高さ四メートル、厚さ三メートルの外壁などを、石を積んで作りあげた。」（前掲書、四七頁）などの状況が確認されていると指摘されています。つまり「防御壁」等の存在です。

二　農耕文化の誕生と集落の形状

この「ナトゥフィアン文化の広がりの中で、紀元前六五〇〇年ごろになると、栽培農耕を行なう人びとが出てきた。」（前掲書、四八頁）。そうして「紀元前約六〇〇〇年前後のころ、レヴァント・アナトリア高原には、チャタル・ヒュユク遺跡があり、「一三ヘクタールもある広い遺跡で、建物は日干しレンガと木材を用い、二五平方メートルの長方形の部屋を並べている。仕切りの厚い壁があるだけで、廊下も入口もない。出入りは天井にあけた穴をつたって、梯子で行うといものだった。」（前掲書、五二頁）。

この遺跡の「入口も出口もない住宅。出入りは梯子のみ」という形状は、しかし中南米の定住インディアンの住宅でも、発見・確認されています。年代的には、前者とは数千年、地理的には旧大陸と新大陸という差です。この時間的空間的ならびに人種的に、はるかに遠く隔たっているにもかかわらず、住宅の構造が実に似た共通性があるという点、人類史と文化の類似性、共通性、ないしは普遍性がみられ、深く考えさせられる点ではないかと思います。

それはモーガンの『アメリカ先住民のすまい』に記す、スペイン人のコロナド（一五一〇〜五四）の以下の報告です。それはコロナドが一五四〇〜四二年に、現地人（インディアン）のマンダン族の「シラボの七都市」を攻略した時の報告です。それは「人が約一千人住めそうな共同住宅七〜八棟への攻略」にかかわるものです。「これらの共同住宅の共通の特徴は、どの共同住宅も大地と接している出入口がなく、一階の屋根を兼ねたテラスに梯子をかけて上り、さらにその上の階も、どの階も、同様に可動式の梯子が出入りに使われていた。」(『アメリカ先住民のすまい』、二三三頁)という記事です。

こうしてここに人類の発展史、その原始都市およびそれの防衛構造の類似性や共通性が、人種の違いや歴史的・空間的差異を超えてみられる点、やはり注目されます。

三　古代ギリシャについて

古代ギリシャの国々が後のローマ同様に、都市国家であることは多く云々する必要もないことでしょう。『オデュッセイア』には、「この民(パイエケス人)は、むかしヒュペレイアの広い国土に住んでいたが、……中略……ナウシトオスが、民をその地から連れ出し、刻苦して生計を立てる人間たちから遠く離れて、スケリエの地に住まわせた。町に城壁を繞《めぐ》らせて住居を建て、神々の神殿を建立し、農地を分配した。」(桜井万里子氏、本村凌二氏著、『世界の歴史5』「ギリシャとローマ」、五六頁、中央公論社、一九九七年、初版。傍線は引用者)。ここにも町、すなわち集落をとりまく城壁にかんする記述がみられます。なお同書掲載の「古典期のアテナイ市」(同書、一五三頁)という図には、アテナイ市全域を取り囲む城壁が描かれています。これは当時のギリシャの都市国家の普遍的な姿でしょう。

四　ローマについて

ローマ、世界史にあまりにも有名なこの古代(都市)国家の起原にかんしては、学者によれば、「……伝説の話はひとまずここで打ち切ろう。こうした説話のかげにどのような現実の姿が想像できるだろうか。ローマが歴史の舞台に登場するよりはるか以前のこと。そのころのイタリアを知る手がかりは遺物や遺跡しかない。もっとも出土品は豊かだといっても、当てにできない。発掘調査のしっかりしていない時代の出土品が数多くある。そのうえに、高価なものは盗掘品も少なくない。……考古学資料は多ければ多いほどいいというが、その常識はイタリアではまかり通らないのだ。だから、先史時代のイタリア半島を語るには、ことのほか慎重さが要求される」（前掲書、二一頁）とあります。さらには「現代人の目から見れば、ローマの建国物語はたんなる作り話に過ぎない。」ともあります。

その伝承では、五代目の王に選ばれたタルクィニウス・プリスクスは、下水溝や広場、道路を整備し、ローマの外見と市民生活の環境整備に努め、その子の六代目の王は、その出自にいろいろな噂があったということですが、その政治は無産者市民に好評で人望があったといいます。

その業績の第一は、「都市の周囲に防壁をめぐらし、都市計画にもとづく土木作業が行なわれ、市民団編成を定め、国政と軍制の基盤を固めたとあります。さらには貧しい市民に配慮して、徴税に応じられない貧者は、代わりに子ども（プロレス）を労役につけてもいいことにする。」政策をとったといいます。ここから無産市民（プロレタリィ）という言葉が生まれたと云います（前掲書、二二二頁）。ここでも都市ローマは、すでに伝説時代には城壁を備えていたことが判明します。

五 「古代琉球・沖縄」について

最後に古代琉球・沖縄の古代国家形成史です。古代沖縄史学では、国家形成の最初の出発点を「マキョ」から説明しています。「マキョ」とは、『沖縄の古代部落マキョの研究』（稲敷賢敷氏著、琉球文教図書株式会社、一九六五年）では、「……血族の義であり、マキョガマはそれから分岐した小氏族、部落の義であろう。……語源は多分直子で、古くは氏族、若しくは血族の義にもちいられたらしく、夙に祖神を同じくする血族団体の居住する地域に転じて現在に至っている。」（同書、三頁）とあります。

さらには日本本土の用例として、『平凡社大辞典』の「マキ」をあげられ、本土の用例として「青森県、宮城県、長野県にそれぞれ一ヵ所、新潟県に二ヵ所、福島県に四ヵ所」あると指摘されて、「沖縄における「マキョ」は、（本土）との共通祖語の南島に残ったものに相違ない。」（四頁）とされています。

この問題との関連で、古代琉球・沖縄史関連の書物には、「アマミキヨ」（アマミノ人）伝説、すなわち水田稲作を沖縄に広げた渡来人の伝承があります。この人々は沖縄本島をはじめ琉球諸島の風土が、水田稲作には不向きな側面もあって、その結果、先住者を征服しその土地を強奪して、先住者の人口を減少させるということが少なかった結果、沖縄方面は本土に比較して縄文人的要素が多く残ったのではないか、と私は考えております。

これに反して本土は、九州から近畿地方でおこなわれたと思われる、先住民への征服・抹殺行為（神武の東征、景行記・紀の熊襲討伐等）があり、また、東北地方には先住民の文化が、西日本よりは残存した可能性があるのかと思います。こうした事情が本土の「マキ」と、沖縄方面の「マキョ」の背景にあるのではないかと、私は考えております。

なお注釈をしておけば、『記・紀』の縄文系住民（熊襲等）の抹殺行為は歴史を逆転させたもので、本来の順序は『景行記・紀』の熊襲討伐が先で、これは九州に渡来した弥生人の行為であり、『神武記・紀』はそれとは別の、しかもはるか後代の九州などからの近畿方面への侵入者にかかわるものと考えております。つまりは『景行記・紀』の当該記事は、「倭国」文献を盗作して綴られたものという、古田武彦氏（『盗まれた神話』）指摘が正論と思います。なおこれにかんしては、拙著『倭国』の都城は太宰府』を参照ください。また、大分県の宇佐市には大きな「熊襲の首塚」があります。

横道にそれましたが、古代琉球・沖縄での国家の形成は、この「マキョ」が基礎になり、これが「グスク時代」(「グスク」とは石組の城壁をさす)、すなわち各原始的集落が、「グスク」を構えて相互に攻防をする時代をへて、次に「三山時代」という沖縄本島の北部(名護付近)を「北山」、「中山」(今日の浦添・首里をふくむ地方)、「南山」(糸満地方)が基礎の三国(三つの中規模の国家段階)時代の抗争をとおって、「中山」の尚王朝によって「琉球統一」がおこなわれた、といわれています。

以上、日本本土をのぞいて、古代琉球をふくむ全世界の古代国家誕生の背景には、農耕・家畜の飼育という文化を確立した人類が、巨大な防衛施設をともなった氏族社会的な「原始都市」を確立し、この攻防のなかから防衛壁や見張り台をそなえた「氏族・部族連合体」の共同都市を形成し、さらには共同事務所を確立し、最終的にはここを基盤に、国家の誕生へと発展するというのが、日本本土を除く世界と古代琉球・沖縄史の、国家・形成発展史の普遍的な姿です。

こうした防衛壁、すなわち都城・首都も、そこに定着した王宮もなく、「天皇」一人ひとりがその治世の間だけの王宮を、〝裸であちこちに転々と移す〟などは、〝日本人を人類というのであれば、断じてあり得ないこと〟と考えます。

この人類史の普遍性をみつめる時、〝神武から天武天皇にいたる四〇代〟に、「都城・京師と、そこに固定化された王宮はない」という『記・紀』の記載を疑わず、これを学問的に問題視しないとすれば、これでは日本の古代史を〝非人類史的特質のもの〟、すなわち「万邦無比の国体」と主張することを意味し、結局、「日本民族は、世界に冠たる神の国。天皇はその直系」と口にしようとしまいと、実体的にはそれを信奉・継承し、それを押し通すことを意味するもの、と考えます。

もっとも『古事記・日本書紀』の「神武記・紀」にたって、現代も「建国記念日」が日本社会に君臨している始末です。この「建国記念日」に反対される方々は、『記・紀』の神武記事には批判的ですが、それは日本古代史への真の批判的見地としては、津田左右吉氏の「記・紀批判」水準の止まるものであって、真に世界の歴史学の水準に〝隔たることはるか〟、と思います。

日本古代史の最大の問題点は「ヤマト朝廷一王朝史観」、すなわち「唯一王家論」にあるのです。こうした「日本古代史論」は真の意味では、「人間の歴史学」ではなく「神」を口にしようとしまいと、『聖書』や『コーラン』などの隣に座るべき〝思考〟であって、通説的「日本古代史」とは、〝古事記・日本書紀〟を「聖典」とする、「日本古代史教」とでもいうべきものというのが真実と考えます。

なぜ日本社会では、こうした「日本史」が固執されるのか、この秘密をあとで「尊皇攘夷」の「尊皇論」を形成した、国学（代表者・本居宣長）と水戸史学、それを高く評価した戦前（一九三五年）の文部省の『国体の本義』で見ていくことにします。

第四章　古代中国正史類の「倭都」の地理的位置

日本民族の国家形成・発展史で、『古事記・日本書紀』とは正反対に、〝首都中心の記載に徹している〟のが一世紀から七世紀までの、歴代中国正史類の「対倭交流記」です。

しかもこの期間は、『古事記・日本書紀』に首都・都城の記載がない時代に、正確に照応しています。きわめて注目すべきことおもいます。さてその記載です。

『後漢書』倭　伝　「倭人は帯方の東南大海の中のあり。山島に依りて居（都城）をなす。」

『魏　志』倭人伝　「倭人は帯方の東南大海の中にあり。山島に依りて国邑（都城）をなす。」

『宋　書』倭国伝　「倭国は高驪の東南大海中にあり。世々貢献を修む。」

『隋　書』俀国伝　「『俀国は百済・新羅の東南にあり。水陸三千里、大海の中において、山島に依って居る（都城をなす）。」

『旧唐書』倭国伝　「倭国は古の倭奴国なり。京師（唐をの首都・長安）を去ること一万四千里、新羅東南の大海の中にあり。山島によって居る（都城をなす。）」以上です。

ここには倭国は、百済・新羅、すなわち朝鮮半島南部（今日の韓国。「帯方」は今日のソウル付近という）の〝東南大海の中の島〟に「国邑」、すなわち「首都をおいている」と一致して記されているわけです。しかも中国側から魏・隋・唐の時代、「倭国・俀国」に使者が派遣されています。魏の時代は「正始元年（二四〇年）太守弓遵・建中校尉稊儁等」、次が隋の時代で「俀国伝」に、「文林郎・裴清（大業四年＝六〇八）」が、さらには唐の時代には「貞観五年（六三一）、新州の刺司高表仁を遣わし……」と、『旧唐書』倭国伝にあります。

なお『日本書紀』は、右の歴代古代中国正史類の対倭・俀交流記に関して、隋については「推古一六年、遣隋使派遣と〝裴世清来日〟」記事を造作し、唐朝についても同様に、『舒明紀』四年の「秋八月、大唐、高表仁を遣して、三田耞を送らしむ。」と称しています。通説の日本古代史学が、これを採用していることは周知のことです。

当時の中国人を方角不明の民族・国家というのならば、いざ知らず、中国は日本本土に比較して国土ははるかに広大であって、そこで文明を形成発展させ、その創造物の漢字が日本民族の文明形成をささえたのであってみれば、「方角不明の民」とは到底言えないでしょう。ではいったい朝鮮半島南部の、「東南大海中の島」とはどこでしょうか。
しかも、かの有名な「邪馬台国」論争でも、この「方角」問題はとりあげられたことはないのではないかと思います。

一　『日本書紀』神功皇后紀の証言

ところが朝鮮半島南部（帯方郡方面）から〝「東南大海中の島」とは、北九州を指す〟という証言が、実に『日本書紀』神功皇后紀にチャントあるのです。それが次の記事です。

「神功皇后の九年、夏四月の壬寅の朔甲辰に、北、火前国（肥前国）の松浦縣に到りて、玉嶋里の小河の側で進食す。……中略……『朕、西《にしのかた》、財《たから》の国（新羅、引用者）を求めむと欲《おもほ》す。」（同書、三三二頁）……中略……

「是に、『瓮海人烏摩呂《あへのあまをまろ》といふをして、西海に出でて、国有やと察《み》しめたまふ。還《かへ》りて曰《もう》さく、『国も見えず』とまうす。また磯鹿《しか》の海人、名は草を使わせて視《み》しむ。日を数《へ》て還りて曰《まう》さく、『西北に山有り。帯雲《くもい》にして横に絚《わた》れり。蓋《けだ》国有らむか』とまうす。爰《ここ》に吉日を卜《うら》へて、臨発《たちたまわ》む（出陣せん）とすること日あり。」（同書、三三五頁）。

右の記事は読めば明瞭なように、「火前国（肥前国）の松浦縣」、すなわち「北九州」において「新羅侵略」を思いたち、この北九州の地から新羅、すなわち朝鮮半島は〝どの方角にあるか〟、その探査を命じたという記事です。

最初は、北九州の松浦縣にいながら「西海に出でて、国有やと察《み》しめたまふ。」、すなわちキンキ地方から朝鮮半島をみる方角の探査を命じて、「国も見えず」という結果になり、あらためての探査を命じたら「西北」だった、というお話なのです。

ここまでいえば賢明な読者の皆様はお分かりでしょう。北九州から朝鮮半島南部は「西北」、これが正しい方角だと明記しているのです。ならば先の古代中国正史類の朝鮮半島（ソウル付近）から「東南の方角の島」とは、どこですか。「九州」、それも「北九州」でしょう。いわば古代中国正史類の〝倭都〟の朝鮮半島南部からの方角記載と、『日本書紀』の北九州から朝鮮半島南部の方角記事との完全な一致です。しかも、その歴史的な期間は、一世紀以前から七世紀までです。

ここまで指摘すれば、とりわけ戦後、日本古代史学の一大論争の、しかも「邪馬台国・キンキ説」と、「九州説・東遷論」の対立を中心に展開された、例の一大論争はいったい何だったのか、ということになります。『日本書紀』神功皇后紀の「新羅討伐」記事にたつかぎり、「邪馬台国」の首都の所在地は、北九州という点を否定し得る人はいないでしょう。

問題は、明治以来の旧七帝大をはじめ、日本の国公立大学等を中心とする日本古代史学の諸教授が、「倭国」の所在地の解明に、なぜ『後漢書』倭伝以降、『旧唐書』倭国伝に到る約七〇〇年間の

「国邑＝首都」の朝鮮半島からの方角記載と、『日本書紀』神功皇后紀の「新羅討伐」記事の「方角記事」の一致、という問題を取り上げなかったのか、実はここに「邪馬台国論争」史学の、真の性格が示されているわけです。

もし『日本書紀』神功皇后紀の北九州から新羅、すなわち朝鮮半島の方角記事をとり上げれば、その瞬間に近畿中心記載の『古事記・日本書紀』の、一世紀から七世紀にわたる記事に、〃日本古代史の真実はまったくない〃ことを、学問として認めざるを得なくなるからでしょう。

それは一世紀の「倭人」の時代から、七世紀の「倭国」の時代まで、日本本土に君臨した王朝は、北九州に都する卑弥呼の国家・「倭国」である、ということになります。だがこれは、『古事記・日本書紀』的日本古代史の真正面からの否定であって、「尊皇攘夷」の「尊皇論」の学問的否定となり、それは戦前・戦後の日本国憲法第一条に、〃日本民族の真の歴史はない〃ということを、学問の名で認めることに通じます。

だからこそ倭国の首都は北九州という記載に、「とんでもいない。問題外だ。」という学問的体裁をとり繕うのです。これが今日の「日本古代史学」の本音でしょう。だが私の指摘する史料のうち、その一方は「神功皇后紀」、すなわち古代ヤマト朝廷の正史、『日本書紀』です。これよって〃朝鮮半島〃と〃北九州〃の双方からの方角記事は、羅針盤のように「倭都」の所在地を、〃北九州〃と指示するのです。

「倭国」とは、北九州に少なくとも一世紀から七世紀まで首都・都城をおいて、古代の東アジアの国々に、日本列島の諸政治勢力を代表した国家であったわけです。これをさらに証明するものが申叔舟《シンスクチュ》の『海東諸国紀』です。これは朝鮮王朝の朝鮮議政府領議政申叔舟が、一五世紀に王命を奉じて撰進した書の表題です。ここでは当時の日本（琉球王国を含む）を「海東」と呼んでいるわけです。

しかも申叔舟自身も一四四三年に、通信使の書状官として京都に来日した人と云われています。すなわち当時、日本の首都は京都であって、これを朝鮮半島からみて「海東」とよんでいるわけです。方角記載として当然でしょう。現に先述の『神功皇后紀』でも、北九州からの新羅の方角を最初は、「海西に国有や」と、近畿地方から朝鮮半島を見る方角記事であったことは指摘しました。では「東南大海中の島」とはどこか、朝鮮半島からの方角論からは、九州に決まりきったものでしょう。この正論にたつと「ヤマト朝廷一元史観」、すなわち「ヤマト朝廷一元史観」の「日本古代史」は、一挙に崩壊するわけです。

一世紀～七世紀の七〇〇年間、ちょうど『記・紀』に都城・首都記載がない時代、「倭国の首都は九州」、それも「北九州にあった」と古代中国正史類が、しかもこの間に、古代中国側から三回にわたって、「倭国」に使者が派遣されたという事実にたって、各「倭・俀国伝」に記しているのです。

二　日本の「二国併記」問題

『旧唐書』の東夷伝には、日本について「倭国伝」と「日本国伝」という、「二国併記」がおこなわれています。しかし、これを日本古代史学は国民に示さず「倭国日本伝」と称して、「倭国」と「日本国」とを同一の国家としています。しかし事実は以下のようです。

「日本国は倭国の別種（ヤマト朝廷は、倭国とは別の国家の意）なり。その国日辺にあるを以て、故に日本を以て名となす。或は云う、倭国自らその名の雅ならざるを憎み、改めて日本となすと、あるいはいう、日本は旧《もと》小国、倭国の地を併せたりと。その人、入朝する者、多く自ら矜大、実を以て応えず、故に中國焉《こ》れを疑う。」（傍線は引用者）。

さらには『旧唐書』のあとの唐の正史、『新唐書』日本伝（撰者、宋の宋祁。九九八〜一〜一〇六一）には、以下のように記されています。

「日本使者自云、国近日所出、以為名。或云、日本乃小国、為倭所并、故冒、其號。」（日本の使者、自ら云う。国、日出る所に近し。以て名となす。或は云う。日本はすなわち小国、倭の所（倭国をさす）を併せる。故に其の号（国号・日本）を冒す。）」（傍線は引用者。『新訂・旧唐書倭国日本伝、宋史日本伝、元史日本伝』掲載の「参考原文」、石原道博氏編訳、一六四頁（読み下しは引用者））という記事です。

これらは通説の〃日本史・日本古代史〃の、真正面からの否定の記事です。しかもこうした日本史を、

〝遣唐使〟が「自ら云う」というのです。また『旧唐書』日本国伝が「日本（ヤマト朝廷）は旧小国」と記す時代、その年代は、ちょうど『記・紀』が、「首都・都城がない〝宮〟時代」と記す年代と一致しています。

同時に他方では「倭・俀国」の「倭都」の地理的位置を、「朝鮮半島の東南、大海中の島」と『後漢書』倭伝すなわち一世紀から、『旧唐書』倭国伝つまり七世紀まで、約七〇〇年間〝北九州〟と記し、しかも、この間に中国側から「倭国」へ、三回におよぶ使者派遣がおこなわれたと明記されているのですから、この『旧唐書』や『新唐書』の「倭国」と、ヤマト朝廷は〝別国〟という記載を疑い否定する根拠は、見当たらないというべきものです。

しかし水戸史学・国学以来の「近世尊皇日本史論」はいうまでもなく、戦後以来今日までの日本古代史学者諸氏は、自称「史的唯物史観にたつ」という石母田正氏らをふくめて、中国側にこうした記録がある事実を、国民にはいっさい示していません。これでどうして〝「戦後は日本も民主国家」といえるのですか〟。日本古代史学のあり方として、その責任が問われるのではありませんか。これは民主社会の姿ではないでしょう。

唐朝は、〝新顔のヤマト朝廷の遣唐使〟に、「倭国と日本国＝ヤマト朝廷」との歴史的な関係を、歴代中国王朝の「正史」の記述にたって、当然ながら問い質しているのです。この点も『旧唐書』日本国伝に、以下のように遣唐使への唐朝側の質問にたいする対応の違いにしたがって、二派に分けて記されています。

遣唐使一般への評価は、「その人、入朝する人（ヤマト朝廷の遣唐使一般をさす）多く自ら矜大（尊大・威張る）、実（事実）を以て対《こた》えず（質問に）、故に中國、焉《これ》を疑う。」と、「倭国伝」の冒頭に記しています。

つまりはヤマト朝廷の遣唐使一般は、唐の〝倭国とヤマト朝廷の歴史的関係への質問に、「事実をもって答えない。実に尊大な態度だ」〟と述べているのです。これは『後漢書』倭伝以来の中国各王朝と、倭（俀）国の交流の記事をふまえれば、この記録を認めないヤマト朝廷と遣唐使の態度を、「不当だ」と評するのは当たり前のことです。

これに反して二人の遣唐使を特記して「高く評価」しています。その第一が粟田真人、もう一人は阿倍仲麻呂です。粟田真人にかんしては四行にわたって、その風貌・服装・教養にかんして特別に記され、しかも古代中国史に名高い、また絶世の美女といわれた則天武后自らが宴を催して歓迎したと、『旧唐書』日本国伝に特大に記された人物です。遣唐使一般が「多く……矜大、実を以て対えず」、と酷評されている点と対比すれば、「破格の待遇」と云えるでしょう。

なぜ、真人はこうした厚遇に与ったのでしょうか。さらには阿倍仲麻呂です。ご承知のとおりこの人物は唐・中国に自ら願って帰化し、唐朝の官僚機構のなかで「出世」した点が、この「日本国伝」に記された人であることは知られています。

当時のヤマトの遣唐使一般が、「矜大、実を以て対えず」と評されている時代、これとはあまりに対照的に、この二人の使者・遣唐使は、なぜこうも高く・かつは親しみをもって評されているのかを考えれば、この二人は唐朝に「倭国」が先行国家であり、ヤマト朝廷は単なる「小国」という「本来の日本史」を認め、古代以来の中国正史類の「対倭交流記」を承認した人物であったので、唐朝は彼らを高く評したと見るのが正当と思います。

とすればとくに真人の人柄は、日本人が一般的に「彼は政治家だな」という範疇の人物とおもえますが、彼が「ゴマスリ」振りを如何なく発揮したのは、ヤマト朝廷に対してであって、唐・中国の前では歴史の事実を認めたもの、ということになるといえます。政治が歪むと「ゴマスリ」が生まれるのは、〝モリ・カケ・桜〟で有名な安倍内閣以来、「官僚の忖度」が日本政治の光景と言われている、今日の日本の姿をみても頷けるところです。

『古事記・日本書紀』とは、「その人、入朝する人、多く自ら矜大、実を以て対ず、故に中国、焉を疑う。」と、唐朝に指摘された「日本史」です。近世尊皇日本史論は、水戸史学・国学にみるとおり、これを正当化したものです。そうしてこの日本古代史論が、近代日本の社会のあり方論の根幹を形成したものであることは、戦前・戦後憲法第一条をみれば明瞭でしょう。戦前、日本社会で「皇国史観の先生」が、胸を張っていたのも道理ですが、しかし、それは日本民族の歴史の事実を、否定・歪曲をしたものであります。

明治以降の「日本古代史学」とは、日本国民にとってこうした性格のものです。とくに戦前の憲法第一条の規定は「主権在君」でした。その点で明治時代以来の「自由民権運動」をはじめ、とくに日本共産党が、「主権在民論」をかかげ、さらには「天皇制打倒」を掲げて奮闘されたことは大いに評価・尊敬すべきことと考えます。しかし同時に、「万世一系論」の日本史・日本古代史学への正当な批判を掲げなかったことは、近代日本の民主主義論にとって大きな逸機ではなかったか、と思います。

私見では、アメリカ・フランスなどの民主主義思想と体制論とともに、「万世一系論」という日本史的体裁をかかげる専制体制への、日本史論からの批判をも掲げなければ、民主主義論と日本史論が相対立・矛盾して、日本における民主主義・社会のあり方論という点では、国民の理解と同意を得にくかったのではないか、という思いです。

戦前・戦後の「天皇制批判」とは、もっぱら民主主義論・主権在民論・憲法論・制度論からのみです。これでは憲法第一条に「万世一系の天皇」が掲げられ、しかもそれは日本民族と日本社会の、世界における〝絶対的な例外性、「万邦無比」を特質〟と称するもので、それへの正当な批判・検討がなければ、国民からみて「社会体制のあるべき論」と「日本史論」が対立関係におかれて、困惑する性格の「批判」だったのではないかと思います。これでは「日本史論・日本民族の特質論」と、「日本における民主主義論」が矛盾して、「民主主義論」は国民の理解を得にくいものではなかったかと思います。

ではなぜ「万世一系論」への批判を、欠落させる結果となったのかを問えば、〝「文明開化」にそれがないから〟……すなわち「万世一系論」批判の武器は、西洋文化に直接的なものはなにもなく、それは古代中国正史等という自由民権派等から見れば、古色蒼然とした漢籍的世界であって「文明開化」のときめきや輝きは、「そこにない」からではないか、と私は考えております。

欧米文化を重視するのはもちろん重要ですが、日本民族は好むと好まざるとに関わらず、東アジアでその文明・国家を形成・発展させてきた国民・民族であってみれば、古代以来の東アジアの歴史と文化、その姿や特質を正しく知ることは、日本民族の歴史・国家の形成・発展の問題、特に「天皇制」問題を考えるにあたっては、欠くことはできないものではないかと私は考えております。これは日本社会の民主主義的な発展を考えるにあたって不可欠の問題と思います。

現に近代日本社会の姿に見られるように、主権在民の日本社会を自力では確立できず、そのうえに、「天皇制を日本の伝統」という根本的歪みを克服できない状況で、いったいどのように日本社会の、いっそうの民主主義的発展を開きうるのか、疑問です。

もし『紀・紀』の「ヤマト朝廷一元史と史観」が君臨する日本社会のままで、日本社会のより徹底した民主主義的な体制変革・発展を自力で促進し得るとすれば、「歴史学」はいらないことになるのではありませんか。

私は頭を傾げるのです。たとえば石母田正氏式「史的唯物論」は問題外として、「マルクス主義の三つの構成部分」については先に指摘しましたが、現実の社会に働きかけようとするならば、その現実を呼び出した経緯・過去の姿、すなわち歴史を正しく知らねば、目前の現実を正しく認識したことにはならず、したがってその現実への働きかけも、その〝精度に「比例」〟した結果になるのでは?、という点です。

さて本題にもどって、この近代～現代の「ヤマト朝廷一元史と史観」が、真の学問・歴史学としては通用しないものであることは先述のとおり、「ヤマト朝廷」には〝首都・都城およびそこに定着した王宮がない〟と、『記・紀』が一々明記する七世紀以前の「ヤマト朝廷」を、『唐書』日本伝が「日本は旧《もと》小国」と、指摘しているところにも示されています。〝首都も都城もそこに定着した王宮もない国〟を、「小国」と呼ぶのは当たり前じゃないのですか。

都城・首都および王宮という、〝国家成立の基本要件〟が備わっていない勢力、これが古代ヤマト朝廷の正史・『古事記・日本書紀』が記す、七世紀以前のヤマト朝廷の姿です。

これに対して『旧唐書』倭国伝は、交流相手を「倭」と明記し、七世紀、六六〇年代以前の日本の支配的政治勢力を、非ヤマト朝廷たる「倭国」と明記し、その王朝交代期をも明確に記録しています。そうしてその「倭都」の日本本土における地理的位置を「朝鮮半島南部(今日の韓国)の東南大海の中の島」と、一貫して明記しているわけです。

そもそも漢字は古代中国人の創造した文明であって、その中国人が「西も東も分からない人間」とでも云わない限りは、各「倭・俀国伝」の倭都の地理的位置の否認など、その学問と学者が〝普通の理性を備えるならば、「否認・歪曲」の余地などないもの〟と思います。といえば薄笑いを浮かべて「単なる方角論だけで、そこまで言えるかね。」、などという人もおられます。

三　『魏志』倭人伝の「倭都」記載

今日、『魏志』倭人伝の「倭都」の描写を読めば、それはマルクス・エンゲルス・モーガンおよびゴードン・チャイルドが明らかにした、原始都市から国家・都城・首都は誕生するという研究の、日本本土における正当性をまざまざと見ることができると思います。

○「倭人は帯方の東南大海中の中にあり、山島に依りて国邑（都城）をなす。旧百余国。漢の時朝見する者有り。今、使訳通じる所三〇国」

○「宮室、楼観・城柵、厳かに設け、常に人あり、兵を持して守衛す。」

……卑弥呼と関連しては、「婢千人を以て自ら侍せしむ。」

○「邪馬壱（一）国に至る。……中略……七万余戸……」

ここには「倭国史」が簡明ながら、きわめて正確に描写されていると思います。「倭国」のそもそもは、「百余国」という原始的集落、すなわち弥生都市群を源流とし、魏の時代、約三〇ヵ国に収斂している。倭人は九州北部に国邑（国都）を形成している。

○　卑弥呼の宮城は、城柵が巡らされ、その城門は武装した兵士によって、厳しく守衛され、城柵とともに楼観（物見櫓？）が聳え、さらにその城内には「卑弥呼に仕える婢千人がる。」とあって、この「婢千人」を、私は、卑弥呼に仕える〝女性神官〟と考えております。これは琉球王朝の「女王と女性神官群」に似たものと考えております。

したがって卑弥呼について、「鬼道に事え、能く衆を惑わす。」とあるとおり、卑弥呼は、古代琉球の女王と似て、「託宣」にかかわっていたと思われます。宮殿内には、その「千人」（その全部か否かは別に）の宿舎も当然あったと思われ、卑弥呼の王宮の規模はかなり大きいということです。

○　「その首都の人口の規模は約七万戸を数える。」というものと思います。当時の一戸当たりの平均的人数は不明ですが、一戸当たり五人とすれば三五万人、六人とすれば四〇万を超える規模です。

こうした姿は、世界の原始都市から発展しつつある、初期国家に通じるものとおもいます。少なくとも「天皇四〇代にわたって、都城・京師・首都がない。」という、ヤマト朝廷とは根本的に異なって、人類の古代国家形成のあり方とは違和感はありません。

第五章　古田武彦氏の「短里」説

この北九州論を、『三国志』魏志・倭人伝の一里が「短里制」であることを明らかにされ論証されたのが、古田武彦氏の『「邪馬台国」はなかった』(朝日新聞社、一九七一年、第一版)です。

古田武彦氏の「短里制」提唱の根拠は、『三国史』韓伝の「韓は帯方の南にあり。東西は海をもって限りとなし。南、倭に接す。方四千里なるべし。」という記述です。氏はこの記述にもとづいて、現在の朝鮮半島南岸の東西の距離から計算されて、「一里約七五～九〇メートルで七五メートルに近い数値」(『「邪馬台国」はなかった』、二五七頁、角川文庫、一九八〇年、四版)とされました。

この古田氏の「短里説」とは独立に、天文学者の谷本茂氏がその論文「中国最古の天文算術書『周髀算径』之事」(『数理科学』、一九七八年、三月号)で、その天文計算の単位が〝短里〟(約七六～七七メートル)という研究を発表されたのです。

その研究にもとづいて、谷本氏は古田氏の新著『邪馬一国の証明』(角川文庫、一九八六年、第五刷)に、

「解説にかえて」と題されて、「魏志倭人伝と短里――『周髀算径』の里単位――」という一文を書いておられます。しかし、「邪馬台国」論争関連の学者諸氏は、この「短里説」にも、いっせいに無視・沈黙という態度です。実に驚くべき日本の姿です。

谷本氏の「短里論」は、古代中国の天文観測への研究であって、その点では自然科学分野に属する研究です。そうであっても「古田説に資する」ものは、〃一切無視する〃という態度は、学問や科学の世界で許される態度でしょうか。

一 『魏志』倭人伝の里単位記載について

『魏志』倭人伝には、まずは「郡より女王国に至る万二千余里」と、帯方郡治から女王の都までの総距離が記されています。古田氏は、陳寿の『三国志』魏志・倭人伝の「里程記事」について、以下のように述べておられています。

それは魏の使者が帯方郡治を出発して、「倭国」に進行している場合（これをここでは主線行路とよぶ）、その記述には、「主語＋動詞＋到～至＋里数」が例外なく記され、その主線行路を進行しつつ、周辺にかかわる記載の場合、「動詞および里数」がなく、ただ「至～到」が記されている、という点です。

これは観光バスや遊覧船でいえば、出発点と行先は一本の線ですが、その進行中にガイドさんが周辺の故事・来歴の案内・説明をする、あれと似たものです。これによって「主線行路」と「故事・来歴」部分とが、明確にかき分けられているという指摘です。

古田氏のこの指摘は、『魏志』倭人伝の里程記事の理解で、決定的な意義をもっています。それは『魏志』倭人伝では、帯方郡治から「女王の都」までの総距離を、先述のとおりに「万二千余里」と明記し、巍使の「倭国」をめざす進行過程の各部分には、一々里数が明記されているからです。したがって各部分の里数を正しく合計すれば、総里数と一致するように書かれているという古田氏の指摘は、『魏志』倭人伝の正しい理解で決定的な意義をもつものと考えます。

通説の大家諸氏は『魏志』倭人伝の解読にあたって、肝心の『三国志』本体の研究はせず、南宋の紹興年間（一一三一～六二）に刊行された、『紹興本・三国志』の「倭人伝」部分の〝写真版〟のみで、延々と「邪馬台国論争」をするという、「木を見て森をみない」態度であったと古田氏は指摘されています。

さらにはこの「写真版」は、「長沢規矩也氏が〝戦前、上海の商務印書館――涵分楼に行って、……この本（紹興本）の実物に接しられ、帰国に際して『倭人伝』部分の写真版を所望されたところ、帰国後、その写真版が送られてきた。

のちに、橋本増吉は自著『東洋史上から観たる日本上古史――邪馬台国論考』を出版するにあたって、長沢さんよりこの紹興本「倭人伝」を借りうけ、大著の巻頭を飾った。以後、多くの『邪馬台国』研究書は、この写真版を転載することとなったようである。」(『邪馬台国はなかった』、三四頁)という有様です。

しかも古田氏の指摘によれば、今日、最良の『三国史』の版本は、日本の皇室書陵部に現蔵されてる「紹熙本」(南宋紹熙年間、一一九〇~九四九の刊行本)と云われています(同書、同頁)。さて次にその里程記事です。

『魏志』倭人伝には先ず第一に、帯方郡治から「女王の都」するところまでの総距離が、「一万二千里」と明記されています。

① 「郡より女王国に至る万二千余里。」

② 次に「郡より倭に至には、海岸に循《した》がって水行し、韓国を歴《へ》るに、乍《たちま》ち南し、乍ち東しその北岸狗邪韓国に到る七千余里。」

この「韓国を歴《へ》るに、乍《たちま》ち南し、乍ち東し」とは、古田氏によれば、韓国に上陸し、この国を通過するに〝蛇行行進、すなわち威示行進をした〟の意とされています。その意味は、〝韓も倭国のように魏朝にたいして敬意を示せば、魏も倭に対するように礼を以て応える〟という政治的意思表示といわれます。

③ 「渡海」部分は以下のとおり合計三〇〇〇里です。

（イ）始めて一海を度《わた》る千余里、対馬国に至る。
（ロ）また南一海を渡る千余里……一大国（壱岐）に至る。
（ハ）また一海を渡る千余里。末盧国（松浦）に至る。
以上、朝鮮半島南岸から北九州の松浦まで「三千里」、したがって帯方郡治から末盧国（松浦）までは計一万里の計算になります。しかもこの②③の文章は、いずれも「動詞＋里数＋到〜至」があります。

④　したがって末盧国（松浦）から「女王の都する処」までは、後約二〇〇〇里です。

次にそれを見ていきましょう。

イ「東南陸行五〇〇里にして伊都国に到る。」
ロ「東南奴国に至る……二万戸あり。」
ハ「東行、不弥国に至る。百里」
ニ「南、投馬国に至る。水行二十日……」
ホ「南、邪馬台国に至る。水行十日、陸行一月」
へ「斯馬国から二一ケ国名」の連記、この後「狗奴国」云々、「女王国に属せず」などの記載で女王国への行進記事は終わっています。

ここで「イ」から「へ」までの記事を、先に指摘した「陳寿の筆法」で検証すると、「動詞＋到（至）

+里数」、すなわち魏使の「女王国」への進行記事に該当するものは、「イ」と「ハ」だけであって、その合計里数はわずかに六〇〇里です。

「ロ」と「ニ」は「周辺紹介」記事です。「へ」は「女王」国の規模と、その九州内における限界の指摘です。

「ホ」は帯方郡都から「女王国」までの「水行、陸行」のそれぞれの総日数です。

さて問題は、この「イ」と「ニ」の里数を合計しても、わずかに「六〇〇里」であって、一万二〇〇〇里にたいして。「一四〇〇里」不足する点です。

この意味は、北九州の「松浦」から「女王の都」までは「六〇〇余里」(約四五キロ程度)しかないという意味があるのですが、ここではそれは後にして、一万二〇〇〇里に対する不足分の「一四〇〇里」に関しての、古田氏の見事な探究を述べたいと思います。

二 〝一四〇〇里〟の説明

古田氏は、『「邪馬台国」はなかった』で、『魏志』倭人伝の先に述べた「狗邪韓国」から「松浦」間の記述で、その第一は、「始めて一海を渡る千余里、対海国に至る。……中略……居る所断島、方四百余里ばかり云々」と、その後の「また南一海を渡る……一大国に至る。……方三百里ばかり……」とある、傍線を付した里数をとりあげられて、『三国志』の全体的記述法を踏まえ、「その（方〇〇里という表記）は、『三国志』本文等での都市等の表記法が、海上の島々に適応されたものが、この『島めぐり』半周計算の表記である。」（前掲書、二五〇頁）と述べておられます。

そもそも魏から「倭」への使者派遣は、卑弥呼の魏への「朝貢」・使者派遣への答礼が、もちろん第一の性格です。しかし同時に、これを機会に未知の国家への、いわば「探査」の性格をもつ行動でもあって、魏の使者は、魏朝の「倭国・卑弥呼」への答礼品を、確実に届けるという使命の他に、これを機会に、この未知の国々への知識を獲得するという、どの時代のどの国家にとっても、当然の使命の遂行という性格をもっているわけです。

それは平和的交流のみならず、戦時にも大いに役立つものだからです。現に後代のことですが、六六三年に「倭」と唐・新羅連合軍が戦い、「倭国」滅亡に繋がった戦争があります。国家間の交流とは、古来、「和戦両用」でしょう。

したがって日本古代史学の諸先生と根本的に異なって、『魏志』倭人伝も軍事行動に資するという性格を、国家から要求されるのであって、その記載が正確であることが、国家によって要求されるものなのです。〝いい加減な「帰朝報告」〟など、本来、ゆるされるものではないのです。

この意味は、「対海国」（対馬）と「一大国」（壱岐）記載にも、貫かれているのです。しかも、大陸側から「倭国」への侵攻の場合、この二島は重要である点、『元の来襲』を見ても明らかでしょう。こうした当然の見地にたてば、魏使が帰朝報告に「対馬国」の中心部を「方四百余里」、「一大国」を「方三百里ばかり」と書いている、意味とその数字をどのように算出したか、という問題は軽視されるべきものではないです。

古田氏は、この数字は魏使らがそれぞれの島の、中心の集落への〝測量値〟とされています。その〝測量〟とは「歩測」でしょう。すなわち「魏使達」は船でちょっと島の港によって、水などを補給して出航ではなく、上陸して探査したということです。

そうであれば人間が歩く限りは、古代の旅同様であって道の距離をはかる「歩測」(実際は当時の旅行の風習などから、朝から午後まで、午後から夕方まで、の行進を一般的に〝何里〟と社会的に決めていた、というような例もあったのかも知れません。

ただし「対馬国」と「一大国」のそれぞれの数字は、主な集落の面積計算のための歩測であってみれば、「対海国」の「方四百余里」、「一大国」の「方三百余里」は、それぞれその里数を確認するために歩行したということですから、歩行としては「方四百里」の二倍、「一大国」も同様に「方三百里」の二倍、合計一四〇〇里の歩行となるわけです。したがって、先の「一万六〇〇里」にこの「一四〇〇里」を加算すれば、キチット「一万二〇〇〇里」になるわけです。この重要な意味は、松浦から「女王の都するところ」までの里数は、「六〇〇里だ」ということです。これでは九州、北九州の外へは出られないでしょう。

すなわち「倭国」とは、一世紀の『後漢書』倭伝の時代から、六六三年の「白村江の決戦での唐・新羅連合軍への大敗」を経て、七世紀末に滅亡するまで、一貫して北九州（私は太宰府とする）に首都・都城をおいて、当時の大陸側に日本本土を代表した「倭人〜日本人」の国家であった、これが日本古代史の〝真実の一つ〟と考えております。「〝真実の一つ〟とは何だ」といわれれば、七世紀以前、関東に別個の「勢力」があったという、考古学的根拠がある（拙著、『「倭国」の都城・首都は太宰府』参照）からです。

なお八世紀の『古事記・日本書紀』編纂の目的が、ヤマト朝廷に先行した「諸家の帝紀・旧辞」の盗作と抹殺にあった、ということです。

ヤマト朝廷とは『旧唐書』日本伝に記されているとおり、「日本使者自ら云う……日本はすなわち小国、倭の所を併せ、故に其の号を冒す。」（『旧唐書倭国日本伝・宋史日本伝——元史日本伝』、一六四頁、石原道博氏編訳、岩波文庫。傍線は引用者）とあるとおり、唐・新羅に大敗した倭国を、唐等と組んで背後から襲い、その際、「倭国」が称していた国号・日本を僭称したのであって、それ以前は、単なる一小勢力に過ぎないです。

それが記・紀の「天皇一代毎の宮記載」に、現れているのです。

しかもさらに、その素顔を示すものが『古事記』の「序第二段・古事記撰録の発端」にある、「天武の詔」です。それは「朕聞きたまへらく、〝諸家の齎す帝紀および本辞、既に正実に違ひ、多く虚偽を加ふ。〟といへり。今の時にあたりて、其の失《あやまり》を改めずは、未だ幾年をも経ずしてその旨滅びなんとす。これすなわち邦家の経緯、王化の鴻基なり。故《かれ》これ、帝紀を、選録し、舊辞を討覈して、偽りを削り実（真）を定めて、後葉《のちのよ》に流《つた》へむと欲《ほ》す。」というものです。

そもそも天武天皇とは、六七三年〜六八六年の在位とされている天皇です。まさに「倭国」滅亡時の天皇です。すなわち「旧小国」の一領主から、「日本国王」へ躍進の展望のなかにある天皇であって、〝正史〟の編纂への着手は、家系・故事来歴重視の古代社会においては、第一級の重要な政治的課題と思われます。これの詳しい検討は、拙著『「倭国」の首都は太宰府』でおこないましたので、ここでは割愛します。

三　先行王家実在の根拠

では、ヤマト朝廷に先行した「王朝」存在の証拠を示せるか、と問われれば、以下のとおりです。第一に、法隆寺の釈迦三尊像の光背銘文です。この銘文の冒頭は、「法興元三十一歳（六二二年）一二月、鬼前大后崩ず。」です。この「光背銘文」は、法隆寺問題に詳しい人ならば、いわば周知のことと思います。問題は、この「法興元」という年号は、「ヤマト朝廷の年号にない、どこの年号か」という点なのです。

古田武彦氏がこの問題を提起（『古代は輝いていたⅢ』、朝日新聞社、一九八五年、第二刷）して以来三六年間、日本古代史学の諸先生は、「問へど答えず」です。

私は、ここに日本の知性の一つの問題点を見る思いがします。〝動かしがたい事実、しかも「国宝」に明記される事実〟をあげて、一国の公認の歴史学に問うているのです。これに答えない、それでも社会からはいっさい責任を問われない。それでも日本古代史学とその学者諸氏に、日本の知的社会からも一言の疑念も、批判もだされないのです。まさに驚くべき姿です。こうした日本社会が今日の内外の厳しい諸問題に、首尾よく対応し得るのか、私は首を傾げるのです。

年号とは公権力の実在を明示したものというのが、まずは第一でしょう。もちろん「私年号」と呼ばれるものもありますが、この場合、法隆寺の国宝の仏像の「光背銘文」の年号問題です。まさか国宝の仏像の銘文の年号を「私年号」とは言えますまい。ならばどこの年号ですか。この「法興元」という年号は、当時のヤマト朝廷にはないでしょう。

この年号は古田氏が研究発掘された「九州年号」にあるわけです。しかも「古田氏の発掘」というと、もの知り顔にフフンと頷いて終わりにする人もいるのでしょうが、江戸時代の年号研究では注目されていたものです。江戸時代に大いに研究されていたものが、なぜ忘れられたのか、といえば、明治になってヤマト朝廷にない年号研究は、「尊皇論」から拒否されるようになった結果であって、このヤマト朝廷にない、一名「九州年号」とも江戸時代に呼ばれた年号の研究が、無意味であるということにはならないのです。

今日の学者諸氏が、これに沈黙する所以は尊皇日本史論への敬意、裏がえしていえば単なる〝身の保全〟からでしょう。しかしそれは、「事実と道理以外の、いかなる権威も認めない」という、真の学問論からは了解されない態度と思います。とはいえこの問題で真の学問論にたっている人は、著明な人々の間では皆無ではないでしょうか。むしろこうした重大な問題が、隠蔽されている現実に近代日本の暗黒があるのです。

さて、第二の例に移ります。通説の「日本古代史学」では、日本に仏教を受容・普及したものはヤマト朝廷ということになっています。しかし、それを真正面から否定する記事が、なんとヤマト朝廷の「正史『日本書紀』用明紀」にあるのです。

「天皇、群臣に詔して曰く、『朕、三寶（仏教）に帰らむと思ふ。卿等議《はか》れとのたまふ。群臣、入朝《まい》りて《りて》議《はか》る。……中略……是に、皇帝皇子……豊国法師〝名を闕《もら》せり〟を引て、内裏に入る。物部守屋大連、邪睨《にら》みて大いに怒る。」（『日本書紀・下』、一五八頁）です。

仏教の受容問題で紛糾している場に、「豊国法師」という僧が案内されたという記事です。おかしいでしょう。法師とは佛教の僧をいう言葉ではないのですか。すなわちこの記事の意味は、ヤマト朝廷の仏教受容に先駆けて、仏教を受容し僧を送り出せる勢力・地域、社会が日本にあったということを、ヤマト朝廷も認めていたという意味でしょう。

いったい「豊国」とはどこですか。今日の大分県でしょう。ここには有名な「宇佐神宮」があります。この大分県の国東半島方面には、宇佐神宮を中心に「六郷満山寺院群」があり、中世には「本山、中山、末山」合計八八寺院を数えるといわれています。

宇佐神宮に『八幡宇佐宮御託宣集』が伝えられています。これは神吽《じんうん》（一二三一四（正和三）年、八四才没）の編纂です。神吽がこれを編纂したのは、「源平合戦」で宇佐神宮が焼き討ちされ、その際古文章も被害を蒙り、この修復をおこなったものといわれています。

宇佐神宮とは『神武記・紀』に登場するばかりではなく、「八幡は全国十一万社中、四万社があると見られ、日本最大の分社をもつ神社」（中野幡能氏著、『宇佐宮』、一頁、吉川弘文館、一九九六年、新装版第一刷）と指摘されています。

思えば奇妙でしょう。今日、大分県といっても一地方の県でしょう。なぜここに「全国最大の分社をもち」、『神武記・紀』に登場するばかりか、ヤマト朝廷の仏教受容をめぐるゴタゴタの最中に、〝招聘される僧がいる〟神社（古代倭国では神仏混合）があるのですか。「ヤマト朝廷一元史観」からは、説明不能じゃありませんか。

この『八幡宇佐宮御託宣集』には、「旧記に曰く」として記される文章に、「九州年号」、すなわち「倭国年号」が登場する例がしばしばあるのです。さきの法隆寺の「釈迦三尊像」の光背銘文の年号と、同一の性格の年号です。その一例が「宇佐八幡のご本尊、「大帯姫」（おほたらしひめ）にかんする記述にあります。

この説話に「九州年号」、例えば「善紀」「教到四年」などと共に、「旧本記に曰く」という記述も多く登場するのです。詳しくは拙著『「倭国」の都城は太宰府』を、お読みいただくとして、つまりは「豊国法師」の記事は、さきの法隆寺の『釈迦三尊像』の光背銘文の「年号問題」と、まったく矛盾がない記事なのです。つまりこれらの事実がしめすものは、「倭国」こそが仏教を日本に受容した主体という、古田氏の指摘の正当性を示すものなのです。この他に『武蔵稲荷山古墳出土』の「鉄剣黄金銘文」問題がありますが、さきの拙著にゆずります。

すなわち先の『記・紀』編纂にかかわる「諸家の帝紀・旧辞」とは、こうしたヤマト朝廷にはない、それに先行した「年号」をもつ、日本の「諸王家」の歴史書などです。『古事記・日本書紀』とは、ヤマト朝廷に先行した国家的勢力の史書などを盗作・改変した、「日本史造作の書」です。この点も『「倭国」の都城は太宰府』に、詳しく述べましたのでそこにゆずります。

四　日本古代史学、「弥生時代」考察の問題点

われわれ日本民族も「弥生時代」の〝環濠集落〟を直視すれば、その限りでは世界の氏族社会的原始都市と似た社会の持ち主と思われます。

違いは、通説・「日本古代史学」の〝弥生社会論〟にあるのです。さきにも指摘（二一頁参照）したように、第一に、一つの環濠集落の人口規模を、通説では最大で「一〇〇〇人」としています。こうした通説の「弥生社会論」には、「弥生社会」がそもそもは原始共産主義社会に端を発しているという指摘も、したがってその血縁構造と都市構成の関わりの指摘もなく、また部族連合体の形成やその事務所、その役割、それらの国家組織形成との歴史的関わりの考察もありません。ここにも世界との違いをかんじます。

なぜこうしたものにしかならないのかといえば、第一には、日本での「弥生時代の考察」では、モーガンをはじめ原始都市の考察や、旧大陸での原始都市への研究などが、正当に視野におかれていないとおもえる点です。そうしてこの通説的な「弥生時代の考察や考古学」には、やたらと「首長」とか「首長居館」とかの、階級社会への傾斜を強調する傾向が、「環濠集落・原始都市」の血縁構造などへの考察に、代置されている印象を強くします。

第二の問題は、前述のとおり「首長」等々の文言が並ぶ割には、都城・首都とそこに定着した王宮、その国家が民主制ならば議事堂誕生への、歴史学的な考察が皆無という点です。つまりは〝弥生集落〟と〝首都・都城ならびの王宮等の誕生・確立という問題の関連に関する、歴史学的考察・論究がみられない〟のです。これはまた『記・紀』の「天皇四〇代の宮」記載への「疑念がない」どころか、それへの問題視さえもない点とむすびつくものと思います。

たとえば寺沢薫氏は、その大著『弥生時代国家形成史論──弥生時代政治史研究──』（吉川弘文館、二〇一八年、第一刷）で、「ヤマト王権の最初の大王都である纒向遺跡こそが、日本列島における歴史的『都市』の出現と規定すべき遺跡であると考えている。」といわれています。

氏は、その大著（一一五頁）に「A図」をかかげ、右のように述べておられます。それへの疑問の第一点は、ここを『記・紀』の「宮」とした天皇は、どの天皇か、という点です。第二に、その次の天皇はここを捨てて、別のところを「宮」としたのですが、その宮はどこの遺跡か、なぜここを捨てたのですか、という点です。

そもそも『記・紀』では、天皇四〇代に首都・都城はなく、各天皇の治世の交代ごとの「宮」しかありませんが、これと寺沢氏の「ヤマト王権の

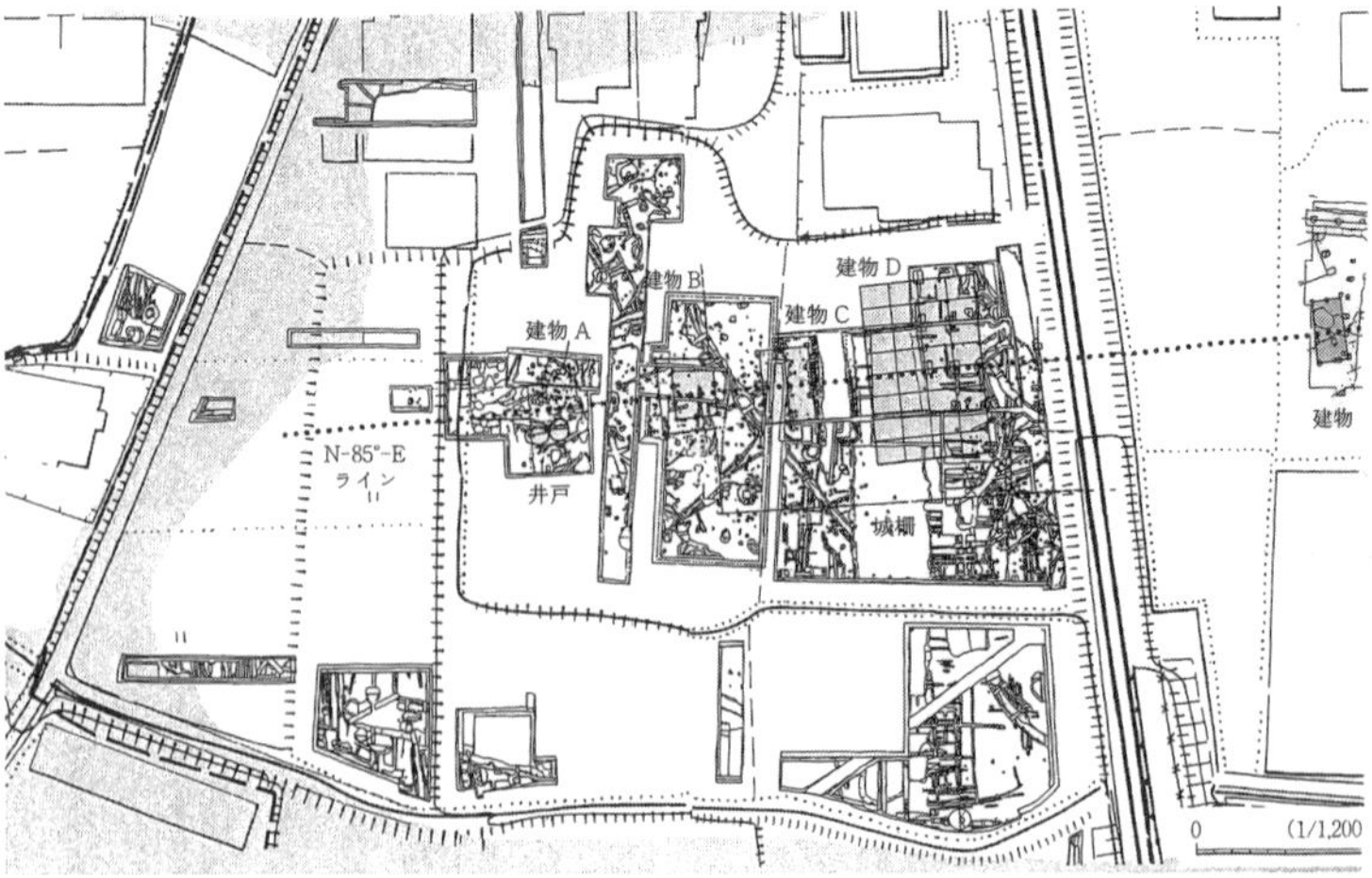

A図「奈良県纒向遺跡の３世紀前半期の推定大王宮」

最初の大王都・纏向遺跡論」と、どうかかわるのだろうかという疑問です。

本来、弥生時代の環濠集落研究は、その遺構の考古学的研究は当然としても真の歴史学的考古学としては、遺跡の研究とともに『古事記・日本書紀』の神武以下四〇代の天皇に、「首都・都城がない」と一々記している点を国家形成・発展史の観点から、〝どう評価するか〟、これが「弥生史学・日本古代史学」の第一の課題ではないかという点です。

これをされずに、いわば一足飛びに、あれこれの遺跡をあげて、〝ここが大王都だ〟という仕方は、『記・紀』の記述の無視、すなわち古代の文献を無視し、遺跡に対する学者の個人的見解、つまりは推量的考察を「考古学」という、いわゆる「主観主義的考古学」と称される性格のものになるのではないかという点です。

しかし旧大陸ならびに日本では、古代に文字文化が存在しているわけです。科学的な歴史学的考古学の誕生は、シュリーマンの「トロイの発掘」が嚆矢ですが、これは周知のとおりホメロスの『イリアス』や、『オデッセ＝』の記載への、発掘という方法による検証であって、「(現代人の)学問的思弁よりも古代人の書いた文献の方が、いっそう権威があり、信頼もおける。」(C・ツェラーム著、『神・墓・学者』(上)、八三頁、田村数之介氏訳、中公文庫、一九八四年)というシュリーマンの言葉に、過去の時代を検証する歴史学的考古学の位置づけ、役割が明確と考えるものです。

すなわち文字文化誕生以降、歴史学的考古学の第一の課題は、過去の文字の記録の真偽の検証が、一つの基本的課題・基本的性格を形成してあるわけです。これは先述のとおり古代中国の例では、先に述べた夏・殷に関する『史記』の記述への疑念問題などです。それは周知のとおりに、「殷墟」の発掘、夏の王宮「二里頭遺跡の発見」です。すなわち古代史にかかわる「考古学」の〝実証主義〟とは第一に、古代人の文献や伝承への実証主義的検証におかれているという点です。

この他の例では、ギリシャ神話に名高い「ミノタウロスの謎宮」を発掘した、イギリス人でオックスフォード大学の先史考古学の教授・アサー・エヴァンスの例、さらには今日のイラク方面の砂漠から「ノアの箱舟」の原形といわれる、「ギリガメッシュの叙事詩」の楔形文字の粘土板・三八四枚を発掘したイギリス人、ジュージ・スミスの例など、多くの事例を指摘できます。ここに文字文明を確立した古代国家形成期以来の歴史にかんする、考古学の重要な意義と役割が指摘されているわけです。

これを単にあっちこっちの遺跡を発掘・調査して、学者諸氏が「ヤマト王権の最初の大王都は纏向遺跡だ。」とか、〝いやいや、こっちだと私は考える〟などというのは、失礼ながら文字文明を確立した古代社会の記録への検証という、基本的な課題の棚上げに見えます。

第一におこなうべきは、天皇四〇代にわたって「首都・都城・京師はない」と、古代ヤマト朝廷の正史が明記しているのですから、「首都・京師なし王朝・国家がありうるか」、これを検討・解明する方が、日本古代史学の第一級の課題であって、弥生時代の遺跡の考察も、ここにまずは重点を置くという視点こそが、世界の古代史学のあり方に照らして正当・当然の有り方ではないかということです。したがって『記・紀』記載の「天皇一代毎の宮」の考古学的探究が、通説的日本古代史学の考古学の第一の課題でしょう。

しかも、先述のとおり「天皇一人々々の宮は、『古墳時代・考古学的に発見できない』」と、通説自身が明言しているわけです。これを無視して弥生時代、「〇〇遺跡が〝大王都〟だ。」などというのは、世界の古代史にかかわる考古学が、まずは古代文献への検証を第一としているという、その基本的性格と課題を無視したものになる、と考えます。

そうして私は、〝氏族社会からの国家の形成・誕生問題の考察では、述べたとおりに世界史の姿を念頭に、〝『記・紀』の七世紀以前の「宮」記載をどう評価するか〟、これが先であって、これを欠いて、「私の研究では〇〇遺跡が大王都だ。」とか、「いやいや、僕の探究では〇〇だ。」などというのは、〝順序が違うでしょう〟と申し上げているのです。以上が第一点目です。

第二の点は、寺沢氏は『魏志』倭人伝の「倭都」を、「近畿」地方と言われていますが、それは先述のとおり『魏志』倭人伝はもちろん、『日本書紀』神功皇后紀の記載からも無理な主張です。それとも古代中国人も『功皇后紀』も、「西も東も分からな水準のもの」と断言されるのならば、それの実証主義的検証とその確認が先でしょう。

第三は、通説の学者は、日本における水田稲作展開の、「北九州」と近畿地方の〝数百年間〟におよぶ、大幅な時差を認めていないという問題です。この時差を必然ならしめたものは古代気象問題、すなわち太陽の活動の問題です。これをも一致して無視するのは、通説的日本古代史学はたして学問かという、根本的な問いを産むのではありませんか。

同じ「弥生時代」といっても北九州～九州方面の水田稲作と、近畿地方とでは数百年におよぶ時差があって、こういう指摘を無視しては、その環濠集落考、すなわち弥生時代考も失格ではないか、という点です。

『記・紀』の「神武の東征」説話は、この〝時差の現実から生まれたもので、人口過剰の北九州・九州方面から、寒冷気象終焉時代に現実におこなわれたキンキ方面への「移動」の、「ヤマト朝廷一元史観」で歪められた反映といえます。したがってこの説話を「偽造の説話」という津田左右吉氏的「批判」は、真の批判とは無縁なものです。

それどころかモーガン等の、氏族社会の遠征にかかわる記載を読めば、「神武の東征」説話は、古代ヤマト朝廷によって大きく歪められているとはいえ、なお原形の面影を残す面があるばかりではなく、縄文人と弥生人の関係を生々しく伝える面があるという点で、景行『記・紀』とともに注目すべき史料とうべきものと思います。

横道にそれましたがこの気象問題にかかわる、放射性炭素14C年代測定値を否認・否定するのは、科学的歴史学の否定です。なお、この時差問題に立つと、「銅矛文化圏・銅鐸文化圏の対立」問題は、これがはたして日本における国家形成問題と、真にかかわるものなのか疑問も生まれます。つまり今日の日本古代史の「弥生時代論」は、大和朝廷一元史観の枠内で、その見識にたった〝遺跡考〟であって、真の科学的な弥生考古学とは区別すべきものに思える次第です。

だが、しかし日本古代史学をめぐる真の問題点の一つは、真実の「日本古代史」を探究すれば、戦前・戦後憲法第一条、すなわち近代日本の国是が根本から否定され、崩壊するという点にある、と私は考えております。ここにこそ古田武彦氏等の「多元的日本古代国家形成・発展史」を、一致して無視し葬ろうとする、真の動機と背景があるのです。これでは「いったい誰のための日本古代史学か」、問われますね。

第六章　古代中国史書と近世尊皇日本史学

以上のとおりに古代中国正史類、および過去の文献記載を実証主義的に検証するという、世界の科学的考古学に立てば、これと『記・紀』の「ヤマト朝廷一元史」を絶対とする、近世〜現代の「日本古代史学」との間には、〝絶対的〟矛盾が生まれるのです。

ここでは今日の日本古代史論を形成したものにかんする、戦前の〝文部省〟の見解を『国体の本義』（文部省発行、一九三五年）で見ていきます。

「徳川幕府は朱子学を採用し、この学統から大日本史の編纂を中心に水戸史学が誕生……、（これと）竝んで重視すべきものは、国学の成立とその発展とである。国学は文献による古史古学（古事記、日本書紀、万葉集、源氏物語等々）の研究に出発し、復古主義にたって、古道・唯神（天皇の神格化、天皇中心主義の日本社会論）を力説し……国民精神の作興に寄与するところ大であった。

徳川末期においては、神道家、儒学者、国学の学統は志士の間に交錯し、尊皇思想は攘夷の説と結んで勤皇の志士を奮起せしめ、実に国学は、我が国体を明徴（はっきり証明）し、これを宣揚することに努め、明治維新の原動力になったものである。」（七七頁）と強調されています。

すなわち明治維新の「尊皇論」を形成した、思想的理論的根源は「古史古学」、つまりは『古事記・日本書紀』絶対主義の水戸史学・国学であり、とりわけ「国学」のはたした役割は大きいと強調されているわけです。

これは戦前の「大日本帝国憲法」第一条の、「大日本帝国ハ万世一系ノ天皇之ヲ統治ス」、第三条「天皇ハ神聖ニシテ侵スヘカラス」などの規定は、近世尊皇思想とりわけ国学の天皇論＝日本社会の歴史的伝統論にもとづくものであって、戦後は「象徴」天皇制とされましたが、これはいわば「鎧の上の衣」と考えます。

なおこの「水戸史学・国学」の「日本史学」を、戦後は「皇国史観」史学と称し、これにたいして津田左右吉氏の「記紀批判」史学が、戦後もちだされた背景などにかんしては、先に述べました。『記・紀』への真の批判的見地は、「日本民族の国家形成・発展史は、はたしてヤマト朝廷一王朝史に止まるのか」という点にあるのであって、これを明らかにするうえで古代中国正史類の「対倭交流記」は、決定的な文献史料です。ここに七世紀以前にかかわる古代中国正史類の、「対倭交流記」の意義があると考えるものです。

その点を指摘した最初は、約三〇〇年前の新井白石（一六七五〜一七二五）の、最晩年の「水戸史学批判」です。ここで白石は当初、「水戸史学への期待を表明」していますが、後段では「水戸史館衆と往来し候て見候へば、むかしの事は日本紀（日本書紀）・続日本紀に打任せられ候體に候。それにては中々本朝の事実は、ふっとすまぬ事と辟見に候やらむ。老朽などは存じ候。本朝（日本側）にこそ書も少なく候へども、後漢書以来、異朝（中国）の書に本朝の事、志るし候事共、いかにも、いかにも事実多く候。

それをばこなた不吟味にて、かく異朝の書の見聞之誤と申しやぶり、又三韓（朝鮮諸国）は四百年余、本朝の外藩にて、それに見え候事にもよき見合せ候とも、右の如くやぶりすて候。本朝国史々々（古事記・日本書紀）とのみ申すことに候。まずは本朝の始末、大かた夢中に夢を説き候ようの事に候。」（『新井白石全集』第五巻、「白石先生手簡、佐久間洞巌書」、五一八頁、印刷者、本間季夫氏、明治二九年）と慨嘆しています。

この時代には、たぶん白石等と同様に古代中国正史の対倭交流記を、正当視する人々も結構いたのかとおもいます。これに猛反対を展開したのが本居宣長を先頭とする国学です。これが今日の日本古代史論の「伝統的岩盤」を形成したものです。

①「学問して道を知らむとならば、まず漢意《からごころ》（＝古代中国文化と文献重視）をきよくのぞきさるべし。から意の清くのぞこらぬほどは、いかに古書（古事記・日本書紀等）をよみても、古《いにしえ》のこころを知らでは、道はしりがたきわざなむ有ける。」（『玉勝間』）

②「初学の輩、まず漢意を清く濯ぎ去って、やまと魂を堅固《かた》くすべきことは、たとえばもののふの、職場《（ママ）》におもむくに、まず具足をよくし、身をかためて立出るがごとし。身をかためずして、神典《かみのみふみ》（＝古事記・日本書紀）を読むときは、甲冑をも着ず、素膚にて戦ひて、たちまち敵のために、手を負ふごとく、かならずからごころ（古代中国正史類の正当性の承認をいう）に陥るべし。」（『玉勝間』）。

これを読まれていかが思われますか。なぜ、こうも古代中国正史類の「対倭交流記」を目の敵にするのか、この「水戸史学・国学」こそは、明治維新の「尊皇思想・尊皇日本史論」を形成したものであることは、戦前の文部省が先述のとおりに強調していたところです。この『古事記・日本書紀』至上主義の「日本古代史論」の急所は、本居宣長が強調しているとおりに、「古代中国正史類等の対倭交流記・全面的絶対的反対論」なのです。この古代中国正史類の「対倭交流記」こそは「尊皇」日本史論の「アキレス腱」なのです。そうしてこれは戦後日本古代史学に、継承されているものです。

この宣長の見地は『記・紀』と、古代中国正史類の「対倭交流記」と〝どちらが事実か〟ではなく、〝古事記・日本書紀に組するか、中国人の言い分に組するか〟、すなわち国籍による区分の強調という「民族主義的」な反学問的見地、つまり戦前、日本で「民主主義」を主張した人々を、「西洋かぶれ」と称した『国体の本義』同様のものです。

これが「尊皇論」の姿、すなわち「日本人なら『古事記・日本書紀』に賛同すべきだ。」という、事実の探求のうえに国家・民族の違い（民族主義）をもちだして、その対立をあおり、これを「学問」と称する、言語道断の態度です。

ここに見られるものは、事実を問う学問の性格は最初から否定されているという、いわば一方的独善主義で、その特質は理性の否定、国民に結局は、国・民族による差別と対抗心をあおるという、もっとも凶暴な反理性主義の思想と理念、これは日本軍国主義のイデオロギーに通じる思想・見地です。ここでは以下、いま少し国学の代表者・本居宣長の思想と理論を見ておきましょう。

③「世の識者《ものしりびと》（漢籍を重視する人）、月日は天地の初発《はじめ》より自然《おのずから》ある物とし、天照大御神、月《つき》読命《よみのみこと》をば、別なりとして、説《こと》を立てるは、何《いずれ》の書に見えたるぞ。ただ漢籍の理に溺れたる己が、私事にして、甚《いたく》古伝（古事記・日本書紀）に背けり。」（『古事記伝』）。

④「すべて物の理は、次第に本をおしきわむるときは、いかなるゆえ、いかなる理と知るべきにあらねば、陰陽太極無極も不生不滅も、畢竟、無益の弁にして、そのことわりあることなし。ただ天地世間は、人の智にていかなる理とも、いかなる故にしかるともはかり知るべきにあらず。ただ古の伝（古事記・日本書紀）にしたがうべきこと也。」（講後談）。

次は宣長の「人の道」論、すなわち社会のあり方論についてです。

⑤「古事記書紀の二典に記されたる、神代上代の、もろもろの事跡にそなわりたる、天照大御

神の道にして、天皇の天下しろしめす道」

⑥「そもそも道といふ物、上に行ひ給ひて、下へは、上より敷き施し給付もの。」（「うい山ぶみ」）

⑦「抑々、世の中の万の事はことごとく神の御心より出て、その御しわざなれば、よくもあしくも、人力にてたやすく止むべきに非ず。故に、あしきをば皆必ず止めよと教えるは強事也。」（「呵刈屋」）

⑧「今のおこなひ（政治の姿）道にかなわざるに、下なる者の、改め行はむは、わたくし事にして、中々道のこころに非ず。下なるものはただ、よくもあしくもあれ、上のおもむけにしたがひをるものこそあれ。」（「玉勝間」）

⑨「すべて下なる者は、よくてもあしくても、その時々の上の掟のままに、従ひ行うぞ、即ち古の道の意にはありける。」（「ういやまぶみ」）。

以上ですが、宣長のこうした発言を探せば、まだまだ他にあると思います。これが「万世一系史観」の「人の世のあり方論」です。すなわち明治憲法第三条の、「天皇ハ神聖ニシテ侵スヘカラス」です。これは時の政府、役所、「目上の者」にとって、この上ない有り難い「世の姿」論でしょう。

戦前のアメリカの駐日大使グルーが、「天皇制の前では、日本人は羊のように大人しい。如何なる指令にも従順にしたがう。」と述べていた点、先に指摘しましたが、戦前の天皇絶対主義的社会と日本軍国主義の暴虐な姿、これに従順にしたがった国民の姿をみれば、「尊皇・日本社会論」がどんなものか、「百の説法」に勝るでしょう。

まさに宣長が強調した社会のあり方論、「下のものは、よかろうが悪かろうが、上のものの指示に、ただしたがっておればいい。これが万世一系の天皇制の日本社会の歴史と文化、その伝統だ」というわけです。これこそが「尊皇日本社会論」の真骨頂です。

これは支配者にとって大変〝都合がいい有り難い、社会のあり方論〟です。これこそが戦前の憲法の第一条と第三条、ならびに戦後憲法第一条の素顔と思います。

戦後、アメリカ軍とその政府はこの有り難い「日本史論・日本社会論」を、「象徴天皇制」と称して維持し、同時に、第二次大戦以後の世界的な〝平和と民主主義〟への世論の動向をも反映して、日本国憲法に「天皇制と〝主権在民制〟とをドッキングさせる」という、離れ業を演じたと考えております。この「天皇制の残存・維持」を日本の支配的勢力が心から歓迎し、感動したことはいうまでもありません。以後、「尊皇主義的日本の歴史と文化」論はパスポートを得て、大手を振って闊歩しているわけです。

一　「自由民権運動」などの問題点

「文明開化」の明治時代以降、日本でも「自由民権運動」が生まれ、また、日本共産党の「絶対主義的天皇制反対・民主共和国・日本」を標榜した運動も展開されたことは周知のことです。しかし、戦前の「天皇制反対・人民の自由と民主主義をめざす」という優れた主張と運動には、大きな弱点があり、しかもこれは戦後といえども克服されず、今日に至っていると考えるものです。

それは明治時代の「自由民権」運動以来、これらの運動の理論と主張は、フランス大革命やアメリカの独立宣言など欧米の「人権論や民主主義論」の受容論が一つの柱であって、それはそれで大いに意義あるものではあっても、その実体は当時の日本国民は知らないわけであって、ここに「万世一系の天皇制・日本民族の世界に誇るべき伝統論」という尊皇主義的日本史論へ批判なければ、「民主主義論」を理解し受け入れるという点で、大きな障害を放置したままという問題があり、民主派は自らこの〝大きな障害のある道〟を選択する結果になったのではないか、と考えるものです。

これではせっかくの「民主主義論・主権在民論」も、〝万世一系の天皇制が日本民族の伝統〟という「日本史論」との矛盾が放置され、その点で広範な国民の理解を〝得にくかったし、えにくい〟と思われるわけです。

こうした状況のもとで明治以来の日本社会は、〝反民主的な天皇制絶対主義の専制体制で、欧米には「主権在民制の民主主義制度がある」云々〟と宣伝しても、政治論と「万世一系の天皇制」という日本史論が対立し、広範な国民は日本史論と政治制度論の対立・矛盾の前に放置される結果となるし、なったと思います。

ここに近代日本の「主権在民論からだけの民主主義論」の、大きな問題点があったのでは、と考えるものです。そもそも近代天皇制擁護論の土台は、『古事記・日本書紀』の神聖化・絶対化論であって、この点、先に指摘しました。それは、「我が国に関する限り、万古不易の国体を闡明し、一切の追随（欧米の民主主義思想への）を排して、よく本来の姿を現前せしめ、而も固陋を捨て益々欧米文化の摂取醇化に努め、本を立てて末を生かし、聡明にして宏量なる新日本を建設すべきである。即ち今日我が国民の思想の相克、生活の動揺、文化の混乱は、我が国民がよく西洋思想の本質を徹見すると共に、真に我が国体の本義を体得することによってのみ、解決せられる。」（『国体の本義』、六頁。傍線は引用者）と強調しているところにも見られます。いわゆる〝和魂洋才〟です。

したがってこの時代、「絶対主義的天皇制」にたいして「民主主義思想と体制の受容」をかかげることは当然としても、これを達成するには「万古不易の国体」という、日本史論・日本古代史の真偽問題に正面から立ち向かい、「万世一系」すなわち「ヤマト朝廷一元史と史観」の真の姿を明らかにすることは、当時の歴史的社会的な課題達成上の一個の柱であったし、今日もなお基本的に同様だ、と考えるのです。

したがって当時の「天皇制打倒」の思想と運動は、「将を射んと欲すれば、まず馬を射よ」というように、古代中国の正史類をも踏まえた「万世一系の天皇制」なる、「ヤマト朝廷一元史と史観」への抜本的批判と一体的にすすめられてこそ、その成果を期待できた、と私は考える次第です。ところがこれは、当時の〝主権在民論〟には〝皆無〟であったばかりではなく、戦後の「天皇制批判・反対論」も、また同様であるわけです。

なぜ、近代日本の「自由・民権派・マルクス主義」が「万世一系の天皇制」、いうところの「国体の本義」を批判し得なかったのか、これは近代日本の民主派が「天皇制反対」を叫びながら、その「反対論」を、いわば近代欧米の民主主義文化と思想の擁護論を限りとし、「国体」護持派が日本史、とくに「万世一系の天皇制」の日本古代史論を、「尊皇論」の砦としているにもかかわらず、これへの検証、その真偽の解明という問題にたいしては、「万世一系の天皇制」の憲法下の国立大学等の学部とその教授諸氏に、いわば「丸投げ」状態であって自らは関わらなかったわけです。

この姿は、私には、まったく不可解です。ちょっと信じられない姿であって、驚きを禁じ得ないところです。早い話、「万世一系・ヤマト朝廷一王朝史」が否定されれば、その瞬間に「国体の本義」も、「天皇制は日本の伝統論」も崩壊することは、あまりにもみやすい道理でしょう。にもかかわらず現在も民主派全体に、民主主義確立の見地から「万世一系論、ヤマト朝廷一王朝史の日本史」批判の重視という視点はないようです。すなわち明治以降の「近代日本社会の相剋」は、「万世一系の天皇制は日本史の事実」という日本史観を共有するもの同士の一方が、「しかし社会は、民主主義であるべきだ」と考え、その社会体制を日本に輸入し確立しようとした結果のものだったようです。

しかし、そうだとすれば日本人、すなわち東アジアの一角で社会を発展させた人間として、あまりにも残念なことと思える次第です。「国体の本義」が絶対とする『古事記・日本書紀』に、「歴史の事実はない」という先述のとおり新井白石の主張の、その歴史論的・思想的根拠とされたものは、七世紀以前の日中関係を記録した「漢籍」です。新井白石の時代は、『漢籍』重視という思想的文化的傾向が支配的であった点、さきの本居宣長の「漢籍批判」に示されています。

ところがこれが明治以降に〝国民的〟に失われたわけです。その要因の一つは、「尊皇攘夷」をかかげる明治政府が確立され、その教育政策で「尊皇思想・尊皇日本史と文化論」が国是とされ、学校教育等を通じても徹底的に教えられたという条件も、大いに影響しているでしょう。

しかし、「自由民権」運動等を展開された人々の間からは、江戸時代には『古事記・日本書紀』批判として権威のあった、唐以前の古代中国王朝の「正史」類は姿を消し、フランス・アメリカなどの欧米諸国の思想・政治制度・文化などが権威として掲げられるようになった、という大きな〝変化〟があると思います。

これを見ると〝国学・水戸史学が絶対〟の明治以降は、『古事記・日本書紀』、『万葉集』『源氏物語』等々の「古代ヤマト朝廷文化」が特別に重視され、漢籍は「尊皇論」の足しにされる範囲で、しかもその正当な理解は近世尊皇日本史論が登場して以降は、歪められたままで『論語』などが権威的に重視される程度で、これに基本的に同意しない明治以降の日本の民主的傾向は、欧米文化中心というあり方に傾斜したということと思います。これは結局、〝左右の古代中国文化はずし〟といえると思います。

なぜ漢籍の「対倭・俀交流記」の権威が失われたのかを問えば、一つは述べてきた古代中国正史類の、「対倭」交流記を絶対的に否定する国学・水戸史学が、〝国教化され『古事記・日本書紀』が神聖化〟されたこと、これに対して〝尊皇日本史論批判・否定の鍵を握る古代中国正史類〟は、近世において中国が「アジア的停滞」状況のどん底にあって、その影響力はもちろんその文化への評価も失われ、日本の民主的傾向の人々からも、日本社会のあり方論の探究では、重視すべきものは何もない、とみなされた結果ではないか、と思います。

しかし私は、日本民族はこの東アジアの一角で歴史を刻み、社会を発展させてきた民族であって、近代・現代の中国社会がなんであれ、古代以来の中国・朝鮮諸国との相互交流の歴史の記録を、正当な理由なく軽視・無視しては、自分の国の真の歴史を知ることは難しい立場の社会、民族である、と思います。

まして一国の社会の発展・進歩的変革を期する立場からは、自国の歴史、すなわち「自分を知る」には、古代以来の中国文明が創設した「歴史の記録」という文化を、いささかも軽視すべきものではない、と思います。

二　国学の古代中国文化批判

ここで述べたい点は、古代中国史書の特質という問題です。まずは本居宣長の古代中国文化論とでもいうべきものを一瞥します。

◎「漢国（中国）には、おほよそ人の禍福、国の治乱など、すべて世の中のよろずの事は、みな天よりなすわざとして、天道天命天理などいひて、これをうえなく尊く畏るべき物とぞする。さるはすべて漢国には、まことの道伝わらずして、万事《よろず》は、神の御心御しわざなることをえしらざるが故に、みだれに造りまうけていへるものなり。

そもそも天は、ただ天津神（記・紀の神々をさす）たちのまします御国（日本）にこそあれ、心ある物にあらざれば、天命などといふことあるべくもあらず。

神を尊び畏れずして、天をたふとみ畏るるは、……其君を尊み畏るることをしらざるがごとし……皇国には、まことの道の正しき伝え（古事記・日本書紀を指す）の有りながら、それを尋ね思わずして、ただ外国のみだれなる説をのみ信じて、天といふこと、いみしき（立派な）事に心得居て、万《よろず》の事に、その理をのみいふは、いかにぞや。また大極無極陰陽乾坤八卦五行など、ことごとしくこちたく（小うるさく）いふなる事共も、ただ漢国人のわたくしの造語にして、まことには其理とてあることなし。」（『玉勝間』）。

◎「漢意とは、漢国のふりを好み、かの国をとふとぶのみをいふにあらず、世の人の、万事《よろず》の善悪是非を論《あげつら》ひ、物の理をいうたぐひ、すべてみな漢籍《からぶみ》の趣なるをいふ也。」（『玉勝間』）。

◎「世の識者（ものしりびと。漢籍を重視する人を指す）、月日は天地の初発《はじめ》より自然《おのづから》ある物とし、天照大御神、月読命をば、別なりとして、説《こと》を立てるは、何《いずれ》の書に見えたるぞ。ただ漢籍《からぶみ》の理に溺れたる己が私ごとにして、甚《いたく》古伝（古事記・日本書紀）に背けり。」（『古事記伝』）

◎「すべて物の理は、次第に本をおしきわむるときは、いかなるゆゑ、いかなる理と知るべきにあらねば、陰陽太極無極も不生不滅も、畢竟（結局）は無益の弁にして、そのことわりあることなし。ただ天地世間は、人の智にていかなる理とも、いかなる故にしかるとも、はかりしるべきにあらず。ただ古の伝（古事記・日本書紀）にしたがうべきこと也。」（「講後談」）

◎「世の中のよろずの事はみなあやしきを（解き難い謎であるのに）、これ奇しく妙なる神の御しわざなることをえしらずして、己がおしはかりの理を以ていふはいとおこなり。いかにともしれぬ事を、理をもてとかくいふは、から人（中国人）のくせなり。そのいふところの理は、いかさまにもいへばいへるものぞ。

かれ（故に）いにしへのから人のいひおける理、後世にいたりてひがごとなることのあらわれたる事おほし。またついに理のはかりがたき事にあへば、これを天といひてのがるる。みな神あることをしらざるゆゑなり。」（『玉勝間』）。

以上を列挙しましたが、ここに見る本居宣長の「哲学」は、「不可知論」であって、人は自然や人間世界を、その根元からは知り・理解するなどということは、不可能だ。それは、すべては「神」、宣長の場合は『古事記・日本書紀』の「神話」の神々ですが、これをエホバなどに置きかえれば、中世キリスト教や『コーラン』絶対主義のイスラム教と酷似した、純粋の「宗教」が直接に現れるといえます。

これが「皇国史観」の正体であって、この歴史観・世界観は、「人間は、宇宙や世界・自然を形成する根元を知ることはできない、何故ならば、それは神の世界の事だからだ」というのです。これは哲学の言葉では「不可知論」「主観主義的観念論」とか言われる部類に属するもので、哲学の傾向としてはナチス・ドイツや日本軍国主義と同根と思います。

したがって本来、学校教育で「記・紀的日本史」、すなわち〝本居宣長的日本史〟を教えつつ、同時に物理・化学を教えるのは、ガリレオを宗教裁判にかけたローマ・カトリックの宇宙論を絶賛しつつ、物理・化学を奨励するようなものと思います。しかし、これが日本では問題とされないのは、「和魂洋才」主義の継承なのでしょうか。

三　古代中国正史類の特色と儒教

この本居宣長的「主観主義的観念論――唯神論」に、対置しうるものが古代以来の中国正史類の特質なのです。

「いったい中国の歴史の本は、孔子を教祖とする儒教の流れをくむ学者によって書かれたものである。『怪力と乱心』とを語ることを好まなかったといわれる孔子は、人間以上の力をもった神のようなものが、この世に実在することを信じなかった。孔子が生きていた前六世紀ごろは、周王朝やその前の夏、殷などの古代王朝について、いくらかの歴史の記録が残っていたから、それに信頼をおいていた。だがそれ以前の、たしかな歴史の材料のない時代のことは、『疑わしきは、これを欠く』といって、しばらく真偽をおいて論じぬことにするという、たいへん慎重な態度をとった。……中略……歴史をどこから書きはじめるべきであるか。人間の過去についての記憶のなかで、どこが、たしかに事実とみとめられるか。そして、たしかに事実であるとみとめられないことはすてて、たしかなところから歴史を書き出すべきであると断言し、またそのとおり実行した孔子は、近代の実証主義的な歴史学者と寸分ちがわぬ立場にたっていたのである。」（『世界の歴史1』、五九頁、貝塚茂樹氏責任編集、中公文庫、一九八六年、第一七版）とあります。

四　中国儒教と日本儒教の根本的違い

ここに古代中国正史類の非常に注目すべき特色があるのです。これは古代中国儒教の世界観、「乱・力・怪・神を語らず」（『論語』）という、徹底した『無神論』の見地とも関係があるでしょう。孔子は、正しい道理にもとづく政治・社会秩序を重視し、〝反乱〟や〝暴力〟、また〝怪奇現象〟、さらには〝神の存在を認めなかった〟というのです。

云わずと知れた『論語』は、古代以来の中国思想・文化の中心です。日本では江戸時代、否、戦前まで旧制中学でもその一部が教材であったと思います。日本社会ではとくに進歩的傾向の人々からは、「封建的イデオロギー」と評されて、否定の対象にされたものです。

ただ私見では、日本の進歩的傾向は「儒教批判」において、「江戸式・幕府式儒教」と、古代中国儒教の違いについて区別がない、という大きな根本的な問題がありながら、それは指摘されることはなかったと思います。

五　中国古代儒教と氏族社会的民主主義

その差異の特徴は、中国古代儒教では「孔子」とともに「孟子」も重視されましたが、日本では古来、「孟子」は〝国禁の書〟とされ今日にいたっているという点です。この点、「自由民権派」等々も『孟子』無視という点で同様です。

日本の「儒教論」の最大の問題点は、すでに指摘したとおりに、日本史に「氏族社会の実際の姿」にかんする、歴史学的実体的研究がまったくなく、したがってこの社会とそこでの人間像、その文化こそがその民族・国家・社会・文化の源流だという研究も、したがってその見識もないという点なのです。

この結果、古代中国儒教の源流には、古代中国の原始共産主義社会に端を発したものも含まれているという認識がないのです。すなわち東アジアの氏族社会的思想・文化の反映として、古代中国儒教をいちづけ検討するという側面は、皆無という点です。

日本の儒学は、古代中国文献を読んで、これへの『記・紀』的日本史的教養の影響も受けながらの、「解釈」に止まるものであって、古代中国文化の歴史的形成過程などへの、歴史学考察とのかかわりからの研究はあるのか、私は知りません。

『孟子』には、「天の見るは、わが民の看るにより、天の聴くは、わが民の聴くに従う。」(『孟子』(下)、一四二頁、小林勝人氏訳注、岩波文庫、一九八五年)とあります。古代以来中国では、「この世を司るものは天」という観念がみられますが、人間社会では、この「天」を最終的に動かすものは、「民だ」というのです。

しかし、これは『孟子』だけではなく、古代中国儒教に有名な『大学』にも、「詩に曰く、楽しき天子は民の父母、民の好むところは、これを好み、民の憎む所は、これを憎む。これをこれ民の父母という。」などがあります。この種のものを探せば、まだありますが、古代中国儒教の特質には、原始共産主義社会とその人間の姿をこそ、正義とするという見地がみられると思います。

この問題の最後に都城「京都」の都市の構成とその「イデオロギー」、すなわち古代中国の首都の形式が「碁盤目形式」である、その歴史的理念的由来についても述べておきます。この「京都」の碁盤目形式という都市の構造の由来を布施修司氏は、その大著『大元都市』（京都大学出版会、二〇一五年）で以下のように指摘されておられます。「孟子は、王が方千里に王道を敷き、方伯が治める残りの八州に徳がおよぶことによって、天下か納まると考えた。夏・殷・周の各王朝も方千里に王道を敷いた。」（前掲書、三五頁）。

『孟子』には〝天下〟とは、「海内《かいだい》の地、方《ほう》千里（一辺が千里の正方形）なるもの九《ここのつ》」（『孟子』（上）、六〇頁）とあります。いったいこの「天下」とはどんなものかといえば、氏族社会の原始共産主義社会の土地制度であって、「その氏族の土地を〝井の字型〟に区分し、その真ん中の土地を共有地とし、氏族員の公平な分担で耕作し、その氏族社会の集落の公的経費に当てる」仕組みです。

この実態にかんしてはモーガンの、『アメリカ先住民のすまい』に以下の記述があります。メキシコ族の例では、「テクパントラリとトラトカトラリ」と呼ばれる二種類の土地があって、「テクパントラリ」は、その部族の公館に所属する土地で、その公館にかかわるものが耕作し、その公館の維持にかかわる経費とされ、もう一つは「トラトカトラリ」と呼ばれ、この土地は議長職に付属した土地で、各部族に一ヶ所あって、その一単位は二・五メートルで四〇〇単位の長さに及び、その産物は、議長職ならびにその家族および、そのアシスタンスからなる、テクパントラリの所帯の必要を賄うもので、部族の各成員の平等な分担労働に依っていた。」（同書、一六五頁）。

布施氏は、さきの『大元都市』で、これを「井地」とよばれて、「井」の字型に土地を区分し、その真ん中の土地を公有地とし、これを氏族なり部族なりの成員が公平に分担・耕作する社会をさし、この公平公正なあり方こそが、社会・国家の正常なあり方の基準であって、このあり方・姿こそが古代中国王朝の政治の観念上の理念とされ、その表現が「王都」の「碁盤目」形の街区形式、すなわち「京都」のそもそもの理念と指摘されています。そのうえ布施氏は、「中国では井田（地）制の実在はアプリオリに前提とされるが、日本の研究者でその実在を認めるものは少ない。」（同書、五一頁）と述べておられます。

すなわち古代社会への歴史的認識が、中国人と日本人では根本的に大きく隔たること、すなわち民族の古代の姿について、中国人は自然な伝承と文化によって、継承されている側面が明瞭ですが、日本人はその真実の伝承が『古事記・日本書紀』によって、断ち切られているということと思います。

またこの「井地」形式の都城問題が、われわれ日本人にとっても極めて重要な意味を持つのは、かっての「倭国」の首都がおかれた島が「九州」とよばれているところです。「九州」とは、古代中国では王都・国家、すなわち中国をさす言葉です。

日本の「九州」も、〝筑前・筑後・肥前・肥後・豊前・豊後・日向・大隅・薩摩〟の「九国」だからの命名ではなく、本来は「倭国」の首都・都城がある地だから、というのが正しいと考えております。すなわち「倭国」自身が古代中国文化に習った〝自称〟です。

さてこの問題の最後に二つの点を述べます。『孟子』には、「天の看るはわが民の看るの従い、天の聴くは、わが民の聴くに従う。」（『孟子』（下）、一四二頁）とありますが日本では、これをまともに「重要」などという人はいません。

日本では「人民論」をかかげる「史的唯物論」者でも、『孟子』の人民論を重視する人は、まず、いないと思います。豪勢な浪費に見えます。したがって日本の古代末期に古代天皇制打破で、当時の東国武士階級がかかげた「天命論」は野ざらしです。これは近代天皇制批判をした人々にとって、大きなマイナスではなかったのか、と思います。

「文明開化」以降の日本では、古代以来の東アジアの文明は、漢字文化形成論の他は、せいぜいでも「封建制イデオロギー論」程度で、実際的にはこれに価値を認めていないと思います。

たとえ今日の習近平の中国は批判されるべきものであっても、古代以来の中国文化の無視と否認は、日本人にとって結局は、自分で自分の首を絞める面があると思います。

六　古代中国文化のもう一つの特色

あわせて注目すべきは、旧大陸で古代文明を形成したもののうち、その首都に巨大な寺院や宗教施設がない文明は、古代以来の中国のみだという点です。古代中国人は自分たちの祖先を神として敬いましたが、その他には、古代オリエント、エジプトはいうに及ばず、古代インド、さらには古代ギリシャ・ローマ、それどころか中世ヨーロッパをも含め、その首都に巨大な神殿・寺院のような宗教施設をもたないか、発展させることはなかったという、世界でも例外的な文明の形成者です。つまりは「唯物論」的傾向の文明という、世界に例がない文化の国なのです。

したがって「世界・宇宙」を説明するに「神々」のかわりに、「陰陽五行」を確立しています。この「陰陽五行説」が日本では評判が良くないのは、「文明開化」の影響であって、それは第一に、宇宙や世界・自然を理解・説明するに、「陰陽」すなわち「プラス・マイナス」を一個の普遍的性格とし、「五行」（五元素「水・火・木・金・土」を基礎として、そうした物質の組み合わせで世界を考え、これに準じて人の道も「仁・義・礼・智・信」を重視しています。

これは考え方の基本において基礎的物質と、その組み合わせから宇宙・世界・自然を考えるという点で、今日の欧米の「宇宙論」・物理・化学と矛盾はない点、直視されるべきでしょう。すなわち古代文明としては例外的な、「唯物論的」な世界観なのです。

ところが「陰陽五行説」などを、明治以降の日本の知識層は「文明開化」の影響で、嘲笑する傾向が強いのです。欧米の自然科学が「物質」を基本として、宇宙・世界・自然を考える段階に達するはるか以前に、こうした考え方に達している姿を、ただ笑っていられるか、その是非が検証されるのがその歴史の記録の姿なのです。

七　無神論（唯物論）と有神論の対立

この事実の記載を重視するという伝統は、司馬遷の『史記』においてもすでに指摘されているところです。しかも古代中国文明の一個の特徴は。先述のとおり自分たちの祖先を神として祭る以外には、キリスト教やイスラム教のような一神教が、国家の祭壇に君臨する文化はないという点で、世界でも珍しいといえます。『西遊記』の「三蔵法師」は有名ですが、しかし、これは中国が仏教を国家の祭壇に祀ったという話でないことは、周知のことです。すなわち古代以来の中国文化は、「無神論」文化と思います。

その点で古代以来の中国文化は、ガリレオを宗教裁判にかけ、「地動説」を『聖書』の名において「異端」と称し、ガリレオに「地動説の放棄」を「火刑」をもって迫った時代のヨーロッパのキリスト教、いわんやイスラム世界、そうして国学という事実上のキリスト教「神学」の類と五十歩百歩の、「天照大御神を淵源とする万世一系の天皇制」を〝神の名において〟正当化する国学・「近世尊皇思想」とは、対極の関係にある文化です。

この古代以来の中国文化の「無神論・唯物論」的傾向は、エンゲルスの指摘に従えば人類の哲学史上、「観念論」とともに相対立する「二大党派・二大陣営」を形成したものです。近世ヨーロッパ文化、明治以降の多くの日本の知識層が絶賛するイタリア・ルネッサンス、およびそれ以降の民主主義と自然科学の発展は、「自由都市」などを基盤としつつ、中世キリスト教およびその教学と厳しく対立しつつ、発展したものであるとは周知のことでしょう。

「世界は紀・紀の神が創った」と絶叫する国学・本居宣長等が、ヤマト朝廷一元史を否定する古代中国正史類等とその文化を罵倒するのは、ヨーロッパで中世キリスト教の神学者が、唯物論を「悪魔の思想」と絶叫したのと五十歩百歩だということです。

中国人は、紙・火薬、さらには羅針盤を、ヨーロッパに先駆けた発明をしながらも、鎖国という産業・商業・文化の発展の道を自ら閉ざす道を選択し、「アジア的停滞性」といわれる社会に止まり欧米諸国のアジア進出に際して、植民地・従属国に転落したことは周知のことです。

こうした歴史を反映して「文明開化」期以降の日本では、欧米の科学的な先進文化の礼賛と、それとは対照的に古代以来の中国文化を、見下す傾向が強まり、たとえば福沢諭吉は『福翁自伝』に、次のような罵倒記事を書いています。

「医師の塾であるから政治論はあまり流行せず、国の開鎖をいえばもとより開国なれど、ただ当の敵は漢方医で、医者が憎ければ儒者まで憎くなって……中略……こんなやつらが二千年来あかじみた傷寒論をみやげにして、国に帰って人を殺すとは恐ろしいじゃないか。いまに見ろ、あいつらを根絶やしにして息の音を止めてやるから。」（同書、八二頁）。

当時、西洋医学の先進性に目覚めた人として、気持ちは理解できますが、しかし、「東洋医学」は、「根絶やし」になったかというと、今日、見直されるなどの動きもあるのは周知のことでしょう。しかしここに近代日本の学問に、大きな歪みを生じさせた要素があると考えるものです。それは一方では西洋の自然科学・産業の技術、「民主主義思想と制度」などの、受容の重視からくる欧米文化への礼賛です。これが戦前の日本社会で中国文化への軽視。蔑視を生み、同時にこれが近世・近代尊皇日本史論からの漢～唐間の中国正史類の「対倭、俀国」交流記への否認に、追い風となったと考えるものです。

最後に、津田左右吉氏の「中国人・中国文化論」をここに引用しておきます。「シナ（中国）思想そのものが、深い思索から出たものでなく、シナ語シナ文が思索に適しないものであるということが、注意せられねばならぬ。」（『シナ思想と日本』、三九頁、岩波新書、一九七五年、第二〇版。一九三八（昭和一三）年、初版）。

さらには「ある人が来て、『君は支那が嫌いだといふのに支那のことをやっている、可笑しいじゃないか』といった。そこで僕は説明してやった。糞や小便をうまそうだともよい香だともおもってゐないが、それでも毎日それを試験管のなかに入れ、顕微鏡でのぞいている学者がいる。」（家永三郎氏著、『津田左右吉の思想史的研究』、二一六頁、岩波書店、一九七二年、第一刷）というものです。

戦後においても、こんな人物の日本史観が権威とされているわけです。

日本古代史の学者への質問

以上の見地にたって、私は一国民として、日本古代史の学者諸氏にお尋ねしたい。「天皇四〇代にわたって首都・都城がない」と記す『記・紀』の記載を、国家形成・発展史の見地からどう評価されるのかと。

この問題は、日本古代史、すなわち日本における国家の形成・誕生問題をあつかう、日本古代史学のもっとも中心的な問題と思いますが、この点、如何お考えでしょうか。

ここに沈黙したままでは、その誕生を学問的に明確にできない「ヤマト朝廷」を、「日本民族の唯一王家」として承認することになるという点で、事実上、ヤマト朝廷を「神の子孫」と称した「皇国史観」と同列の、その誕生を学問的に具体的に実証し得ないヤマト朝廷とその「歴史」を、「日本古代史」と称することになるのではありませんか。

第二は、唐以前の古代中国正史類（後漢書~旧唐書）の記す、「倭・倭人・倭・俀国」の〝国邑〟の、日本本土における地理的位置と、『日本書紀』神功皇后紀の〝松浦〟からの、新羅の方角記載の一致について、どう理解されるのか。

こうした日中正史類の、しかも正常な知性によっては否認しえない記載を無視して、「日本古代史」を語ることは、はたして「学問」の名に価するものでしょうか。

以上。

●著者紹介

草野　善彦（くさの よしひこ）

1933年生まれ。武蔵野美術学校（大学）卒。

《著書》

『天皇制国家唯一史観を疑う』（光陽出版社）
『天皇制批判と日本古代・中世史』（本の泉社）
『放射性炭素年代測定と日本古代史学のコペルニクス的転回』（本の泉社）
『放射性炭素14C測定と日本古代史』（国際教育研究第24号収録、東京学芸大国際教育センター）
『二世紀の卑弥呼「前方後円墳」真の構築者──「日の丸」「君が代」と日本古代史学』（本の泉社）
『天皇制は日本の伝統ではない──墓より都　君が代──』（本の泉社）
『消された日本古代史を復原する──マルクス主義の古代国家形成論にたって──』（本の泉社）
『「邪馬台国論」の新視点およびマルクス主義と儒教』（本の泉社）
『墓より都──日本古代史学の深層と「日の丸、君が代」の真実』（本の泉社）
『改訂版「邪馬台国論争史学」の終焉　日本古代史学と憲法第一条』（本の泉社）
『〝憲法改正〟、教育勅語問題と「二つの日本史」』（本の泉社）

G・チャイルドの「都市革命論」と日本古代史
──「近代天皇制批判」の問題点をも念頭に

2021年7月21日初版第1刷発行

著　者　草野《くさの》　善彦《よしひこ》

発行者　新舩海三郎
発行所　株式会社 本の泉社
〒112-0005　東京都文京区水道2-10-9　板倉ビル2階
電話：03-5810-1581　Fax：03-5810-1582
mail@honnoizumi.co.jp ／ http://www.honnoizumi.co.jp

ＤＴＰ　田近　裕之
印　刷　新日本印刷株式会社
製　本　株式会社　村上製本所

ISBN978-4-7807-1815-7　C0021